电商视觉
营销与设计

马静义 编著

人民邮电出版社

北 京

图书在版编目（CIP）数据

电商视觉营销与设计 / 马静义编著. -- 北京：人
民邮电出版社，2022.10
ISBN 978-7-115-57574-6

Ⅰ．①电… Ⅱ．①马… Ⅲ．①电子商务—网络营销
Ⅳ．①F713.365.2

中国版本图书馆CIP数据核字(2021)第213284号

内 容 提 要

随着电子商务的蓬勃发展，视觉设计与营销相互渗透，渐渐地转变为多元化的视觉营销设计。这意味着视觉设计师在工作过程中除了要掌握视觉设计的技能，还要对顾客有充分的了解，并且需要掌握营销过程中关键步骤背后的顾客诉求。

本书正是从营销的角度来指导视觉设计的，以帮助视觉设计师做出更有效的设计。本书先对顾客的购物行为进行了分析，让视觉设计师对网络另一端的顾客有更加全面且深入的了解，更加清楚视觉设计在顾客的整个购买过程中所起到的作用，同时也让设计目标更加具体、清晰；然后对顾客的 7 种点击动机，以及如何让顾客在浏览商品信息后立即购买，甚至一次购买多件商品进行了详细讲解；接着分析了如何通过视觉设计提升品牌形象，让顾客记住品牌；最后介绍了视觉设计过程中所要遵循的一些基本原则，让设计的评判标准不再局限于个人审美水平。此外，本书还介绍了一些科学有效的技巧来帮助视觉设计师提高视觉设计的美观度和信息传达的效率。

本书适合视觉设计师、电商设计师及从事营销工作的人员阅读。

◆ 编　著　马静义
　　责任编辑　王振华
　　责任印制　马振武

◆ 人民邮电出版社出版发行　　北京市丰台区成寿寺路 11 号
　　邮编　100164　　电子邮件　315@ptpress.com.cn
　　网址　http://www.ptpress.com.cn
　　廊坊市印艺阁数字科技有限公司印刷

◆ 开本：690×970　1/16
　　印张：10.25　　　　　　　　2022 年 10 月第 1 版
　　字数：250 千字　　　　　　2025 年 3 月河北第 4 次印刷

定价：69.80 元

读者服务热线：(010)81055410　印装质量热线：(010)81055316
反盗版热线：(010)81055315

很多从事设计相关工作的人，当然也包括我，都会有一个怀疑自己的过程。

2013 年我开始接触电商设计这个行业，也就是人们常说的"美工"。我非常感谢互联网的兴起与电商购物的日渐繁荣，它们带给了像我一样热爱设计的人更多的机会。和大多数刚刚从事电商设计的人一样，在刚入行的前两年，从抠图、做详情页、做广告图、做直通车图，再到之后做各类促销活动的页面、各类店铺不同风格的首页等，我慢慢了解到电商设计所包含的工作项目明细，而工作的发展方向更多的是增强色彩搭配能力、构图能力和字体设计能力，总之就是努力把所有的图片处理得更加美观。就这样，我在电商设计这个行业中，用了将近 4 年的时间从设计新手缓慢成长为一名中规中矩的"美工"。

在之后 1 年多的时间里我和大多数电商设计师一样，慢慢地进入了工作的"疲倦期"，开始怀疑这份工作的意义，并思考这样重复地做着"美化图片"的工作究竟能起到什么样的作用。在这期间，我渐渐发现顾客只关心商品是否符合自己的需求、价格是否足够低，很少会关注电商店铺页面中的色彩搭配，Banner（横幅广告）的构图和字体经过了怎样别具匠心的设计等。在这之后，我用了很长一段时间思考电商设计真正的意义。了解了电商设计之外的品牌设计、文案策划、品牌定位、顾客行为分析等内容后，我的思维不再局限于"设计"这一单独的环节，而是"俯视"电商购物的整个过程。直到这时我才明白电商设计的目的不仅在于使图片更美观，更重要的目的是进行"有效设计"！

视觉设计并不等同于艺术，不能单纯地表达视觉设计师自身对于设计内容的理解。视觉设计的核心目的在于传达信息，而电商视觉设计所要传达的信息则是商品的信息和营销的信息。换句话说，电商设计的目的其实就是将商品信息和营销信息通过视觉表现形式传达给顾客，从而促进商品的销售。

因此，我在本书中先分析了顾客的购物行为，而不是先讲解视觉设计的配色方法与构图技巧，因为了解顾客是开始做设计前必不可少的环节，也是最为重要的步骤之一。我在第 2 章分析顾客点击率背后的奥秘时，同样不单以视觉设计作为主要内容，而是结合顾客点击时的心理、如何挑选能够激发顾客点击欲望的信息进行讲解，在探讨如何让顾客立即购买时同样如此。除此之外，本书还讲解了如何运用品牌定位思维、品牌视觉形象、品牌口号、多维度品牌记忆和重复宣传思维等知识，以便读者做出的设计可以让顾客更加快速地记住品牌。本书最后分享了一些梳理信息的方法和视觉设计的基本原则，以确保设计有效且美观。

当你阅读完本书后，相信你会和我一样对视觉设计和营销有更加全面的理解。

马静义

资源与支持

本书由"数艺设"出品，"数艺设"社区平台（www.shuyishe.com）为您提供后续服务。

● 配套资源

导读讲解视频（在线观看）

扫码关注微信公众号

提示：

扫描二维码，在线观看讲解视频。

"数艺设"社区平台，为艺术设计从业者提供专业的教育。

● 与我们联系

我们的联系邮箱是szys@ptpress.com.cn。如果您对本书有任何疑问或建议，请您发邮件给我们，并请在邮件标题中注明本书书名及ISBN，以便我们更高效地做出反馈。

如果您有兴趣出版图书、录制教学课程，或者参与技术审校等工作，可以发邮件给我们。如果学校、培训机构或企业想批量购买本书或"数艺设"出版的其他图书，也可以发邮件联系我们。

如果您在网上发现针对"数艺设"出品图书的各种形式的盗版行为，包括对图书全部或部分内容的非授权传播，请您将怀疑有侵权行为的链接通过邮件发给我们。您的这一举动是对作者权益的保护，也是我们持续为您提供有价值的内容的动力之源。

● 关于"数艺设"

人民邮电出版社有限公司旗下品牌"数艺设"，专注于专业艺术设计类图书出版，为艺术设计从业者提供专业的图书、视频电子书、课程等教育产品。出版领域涉及平面、三维、影视、摄影与后期等数字艺术门类，字体设计、品牌设计、色彩设计等设计理论与应用门类，UI设计、电商设计、新媒体设计、游戏设计、交互设计、原型设计等互联网设计门类，环艺设计手绘、插画设计手绘、工业设计手绘等设计手绘门类。更多服务请访问"数艺设"社区平台www.shuyishe.com。我们将提供及时、准确、专业的学习服务。

目录

第 3 章
让顾客立即购买的方法

第 4 章
让顾客记住品牌的方法

第 5 章
设计的基本原则

"

网络购物与传统的线下购物有一个很大的区
别——网络购物中的商家只能看到'流量',
而看不到流量背后真实的顾客。

"

顾客购物行为分析

设计师只需要在街边的店铺中观察一下就能大致了解这个店铺所面对的顾客是一群怎样的人：他们的年龄范围、购物习惯、购物路径，以及他们在购物过程中思考的问题。对顾客有所了解后，再着手进行设计，设计师就有了大致的设计目标和方向。

而在网络购物环境中，设计师没有直接观察顾客特征的机会，顾客的相关信息只能以"流量"的形式体现在数据上。虽然数据能反映顾客具体的流量占比、所在地区、性别，以及顾客在每个页面的停留时长和顾客转化率，但数据并不足以让设计师准确地了解顾客，而且流量数据一般在设计完成之后才能够看到。因此，在大多数情况下，设计师只能"闭门造车"，根据自己对顾客的预想进行设计，这种设计方式是不太有效的！想要让设计有效，设计师必须在设计之前了解潜在顾客的特征。

本章主要分析在网络购物过程中，相比实体店铺顾客所处的购物场景、顾客面临的信息环境、顾客的浏览习惯和顾客的购买习惯所发生的变化，并从这些变化中寻找设计的方法和规律，从而做出有效的设计。

只有清楚地认识"流量"，才能让设计更加明确、更加有效。

1.1 购物场景的变化需要更轻松的设计

1.1.1 从传统纸媒到电视购物

直邮广告可以算作最早的"网购"形式。

16世纪末，当时的电视、电台、报纸等媒体还没有出现太多引导购物性质的内容，直邮的广告形式最早让人们实现了"网购"，让人足不出户就能够轻松购物。后来报纸也开始加入这个行列，报纸在刊登新闻的同时会"夹带"甚至刊登一些厂商的广告，这就是传统的"纸媒"购物。

最早的直邮广告主要分为传单型、本册型、卡片型3类，通过邮寄、夹报、上门投递、街头派发等形式送达潜在顾客。直邮广告最初的特点是快速、直接，但需要顾客主动阅读刊物上的内容以获取信息，属于主动获取信息的传播形式。因此，标题和设计会直接影响直邮广告的打开率与阅读率，从而影响顾客的购买决定。

直邮广告其实与现在的商品广告非常相似，其中最重要的两种元素就是文案与图片。因此，直邮时代积累的很多文案写作技巧和经验在今天依然奏效，其中很多图片选择技巧和设计准则，如今的设计师也同样需要知晓。

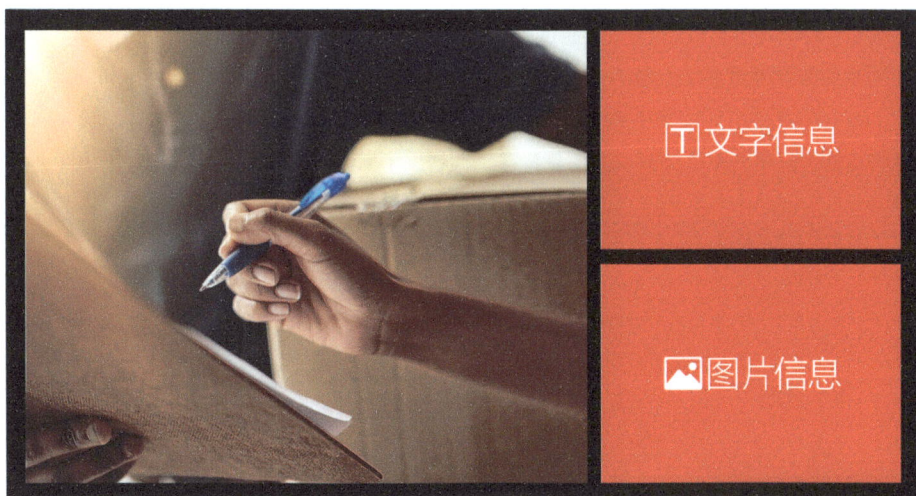

"纸媒"购物时代以文字和图片信息作为最主要的媒介，标题或图片会直接影响广告的打开率与阅读率。

电视购物出现后很快就受到顾客的欢迎，广告信息的传播形式也开始变得丰富多彩——有了声音和动态画面。顾客从原本的主动获取信息转为被动接收信息，不用阅读文字，躺在沙发上看电视里的购物主持人介绍就可以了解商品，这大大提高了购物的便捷性。

电视购物在一定程度上可以说是顾客追求便捷的产物。顾客坐在家里看电视就能获取商品信息，打个电话就能购买商品，购物从此变得更加轻松便捷。

电视购物让人们从主动获取信息转为被动接收信息，让信息的传达变得更加便捷。

1.1.2 从电视购物到计算机购物

自 19 世纪以来，计算机和互联网作为新兴的高科技产物，开始渐渐走进人们的生活。1995 年 9 月 4 日，由皮埃尔·奥米戴尔（Pierre Omidyar）创立的 eBay 诞生于美国加利福尼亚州圣荷塞。自此人们可以在 eBay 上通过网络出售或购买商品，实现了真正意义上的网络购物，这使购物的便捷性更高了。相较于传统的直邮购物与电视购物，网络购物让顾客的选择范围更广，顾客不再是电视购物中推荐什么就买什么，而是想买什么就买什么，甚至当地没有的商品可以通过网络购买，并且网络购物比传统购物少了部分中间商，商品价格也更加优惠。

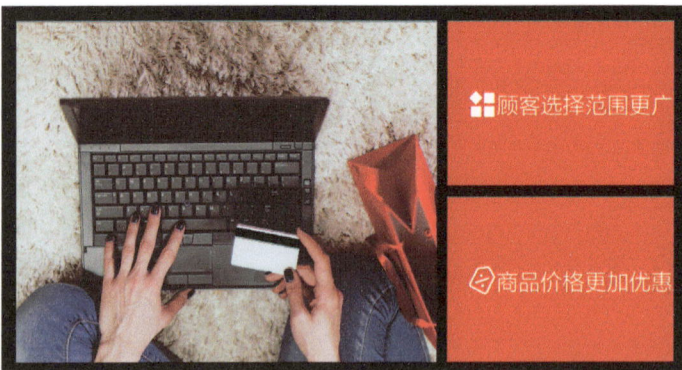

网络购物让顾客的选择范围更广，商品的价格也更加优惠。

2003 年，淘宝和支付宝的出现使网络购物进入了一个新的纪元，这也是电商迅速发展的开始。国内消费者渐渐开始接触淘宝，通过网络购买各种各样实惠又新奇的商品，网络购物由此成为一种消费趋势。

1.1.3　从计算机购物到手机购物

随着时代的发展，手机除了具有打电话、发短信等基础功能之外，还能够用来听音乐、看电影、导航和拍照等，人们在手机那块小小的屏幕上能做的事情越来越多。这也让网络购物变得更加简单，不再受设备的限制。如今，智能手机的普及率远超计算机，人们几乎可以在任何地方、任何时间进行购物。

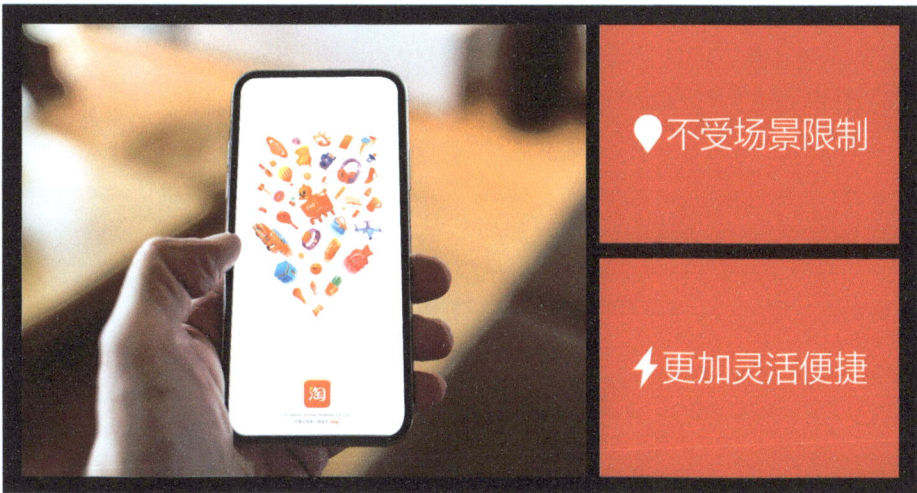

● 不受场景限制

⚡ 更加灵活便捷

手机让购物彻底摆脱了场景限制，购物方式也变得更加灵活便捷。

如今，购物类 App 多种多样，有淘宝、京东、唯品会、苏宁易购、拼多多、蘑菇街、闲鱼等。

据第 47 次《中国互联网络发展状况统计报告》显示，截止到 2020 年 12 月，我国网民规模达到 9.89 亿，互联网普及率达到 70.4%，其中手机网民规模达 9.86 亿，网民使用手机上网的比例高达 99.7%。

手机上的小小屏幕创造了巨大的价值，以天猫 2020 年"双十一"为例，当天 24 个小时内创造了大约 4982 亿元的销售额，而移动端的销售额占比超过 90%。

1.1.4　便捷的购物需要更轻松的设计

从传统的纸媒购物到电视购物、计算机购物，再到手机购物，购物方式越来越便捷，购物场景越来越多元化，不再受时间、地点和设备的限制，真正做到了无论什么时间、地点都能购物。

随着购物场景的不断变化，购物方式越来越便捷，设计的方式与理念也应该与之匹配。早期的电商设计一般基于计算机端的屏幕尺寸和操作逻辑，如今使用手机购物的顾客数量已经远远超过使用计算机购物的顾客数量。设计师应该考虑到这一点，针对手机的屏幕特性、操作方式、阅读逻辑等进行有针对性的设计。这样才能让顾客更轻松地了解商品，让设计发挥作用，这样的设计才能称为"有效设计"。

广告图片在计算机端与手机端的展示效果是不同的。相同分辨率的广告图片通常在计算机端显示的尺寸较大，图片上的信息可以被顾客完整地查看；而手机的屏幕较小，如果还是使用计算机端用的广告图片，顾客很可能看不到完整的信息。例如，广告标题要针对手机端的特点进行"改造"才能够投入使用。

商品详情页上的文字更多，显示效果更容易受限制。将标题与正文的对比效果增强，让信息的结构更加清晰，同时将内容用更加直观、易读的方式呈现出来，能够让顾客更轻松地了解商品，这是"有效设计"的第一步。

便捷的购物需要有效的设计，根据设备的屏幕特性、操作方式、阅读逻辑等进行优化，将信息更高效、更轻松地传达给顾客。

1.2　信息环境的变化需要有效的设计

1.2.1　信息爆炸式增长

在互联网出现之前，人们获取信息的渠道有电视、报纸、杂志、收音机、路牌广告等，那时人们身边的信息量相对较少。然而，互联网的出现让信息飞速增长，人们获取信息的渠道也越来越多，信息量越来越大。

"人类在近 30 年中生产的信息已超出过去几千年生产的信息的总和！"

仅微信公众号的数量就已经超过 2000 万个，电商平台有十几亿件商品及其对应的数量众多的广告信息，搜索引擎每天有超过 60 亿次的搜索量，视频软件在一天内播放的节目时长加起来可达几十万个小时，并且这些信息一直在以惊人的速度生产和传播。

2000多万个公众号	十几亿件商品	超过60亿次搜索

人们面对的信息越来越多，平均花费在每条信息上的时间越来越少。

英国学者约翰·伯格（John Berger）说："在历史上的任何社会形态中，都不曾有过如此集中的形象、如此强烈的视觉信息。"

信息爆炸式增长主要表现在 5 个方面：新闻信息飞速增加，娱乐信息急剧增加，广告信息铺天盖地，科技信息不断产生，个人接收的信息严重"超载"。

信息的爆炸式增长将人们的时间分割成了无数个碎片，导致人们的注意力越来越难以集中，在这种情况下，不受干扰地做一件事情变得越来越困难。

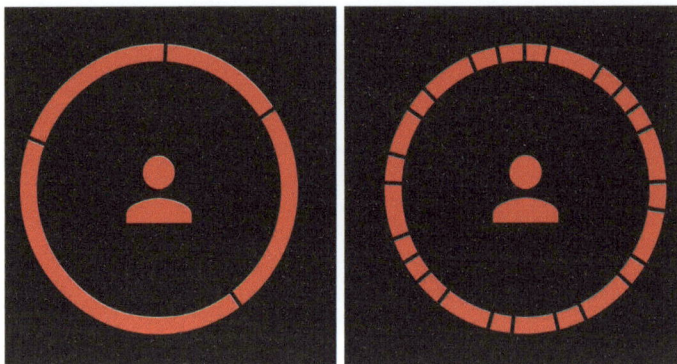

人们的时间被分割得越来越碎，人们缺乏长时间的注意力。

"相较于爆炸式增长的信息量，我们的时间并没有变多，只是更缺乏注意力了。"

1.2.2　网络购物无孔不入

通常情况下，人们可以通过淘宝、天猫、京东、拼多多、唯品会、云集等电商 App 进行购物；也有针对跨境购物的考拉海购、天猫国际、京东全球购等电商平台；还有闲鱼、转转等二手闲置购物类电商 App；以及针对酒类、生鲜类、奢侈品等各个品类的电商 App。总之，网络购物遍布各个行业和品类。

但谁说人们一定就会使用购物类 App 来购物呢？

"微商"这个词大家肯定不陌生，就是卖家把商品交易"搬"进了微信的朋友圈里，让其好友浏览朋友圈时也能看到广告。除了以"微商"的形式在朋友圈发生交易外，人们还可以利用各种微信群和小程序进行购物，这种模式叫作"社交电商"。社交电商类 App 主要有小红书、什么值得买等。

短视频 App 近两年来风生水起，快手和抖音作为两大"巨头"揽获了相当可观的用户数量，同时它们也加入了电商的行列，使得通过短视频 App 购物的人也越来越多。除了短视频 App 外，腾讯视频、爱奇艺、优酷等视频播放器也有"边看边卖"的功能。总之，网络购物不再仅指"淘宝购物"了。

每一个流量的接触点都可能是网络购物的诱发点，网络购物不再局限于淘宝、天猫和京东等平台，电商设计的范围也需要不断扩大。因此，每一个流量的接触点都有可能成为电商设计的"战场"，而电商设计的核心则是"有效设计"。

网络购物不再局限于淘宝，网络购物的平台越来越多样化。

1.2.3　有效的设计才会被注意

互联网改变了顾客的购物场景和购物习惯，顾客面对的信息也越来越多，各种信息都在争抢顾客的注意力，这导致顾客的注意力越来越难以集中。

信息越多，就越需要吸引顾客的注意力！

刚接触电商设计的设计师会十分注重设计的美观度，会花很多心思调整色彩、构图和字体等，结果往往本末倒置。电商设计的重点在于"电商"两个字，这也是它区别于其他设计的重要因素。电商设计的最终目的是让顾客购买商品，只有达成购买目的，设计才是有效的。而在茫茫的商品海洋中，只有先获取顾客的注意力，才有可能使顾客产生购买行为。因此，电商设计师需要认清设计的最终目的，做"有效的设计"，而非一味追求"美观的设计"。

有效的设计与美观的设计的背后是两种完全不同的思维模式。

有效的设计	美观的设计
如何吸引眼球？	颜色如何搭配？
如何说服顾客购买？	字体如何选择？
如何让顾客记住我？	如何构图？

设计师需要用营销的思维思考设计，尤其是找到每个流量的接触点，比如广告图片的设计就是典型的接触点。顾客如果没有被广告图片所吸引，那么再美观的设计也是没有意义的。

广告图片设计的核心是"获取顾客的注意力"，因此在设计的过程中要重点考虑顾客会关注哪些信息。

人们每天要面对的信息太多了，只有有效的设计才会引起人们的注意。

1.3 浏览习惯的变化需要更直接的视觉刺激

1.3.1 网络世界以视觉为首

人类感知世界的方式可以分为 5 种：视觉、听觉、嗅觉、味觉、触觉。

实验心理学家赤瑞特拉（Treicher）做过一个关于人类获取信息来源的实验。他通过大量的实验证实：人类获取的信息 83% 来自视觉，11% 来自听觉，通过这两种方式获取的信息占到了信息总量的 94%。

美国视听教育家戴尔（E.Dale）提出的"经验之塔"中也指出：人类获取的信息 80% 以上是通过视觉获得的。

互联网改变了人们获取信息时使用的设备，也改变了人们面对的信息环境。但在互联网中，人们获取信息的途径依旧以视觉为首，并且视觉的重要程度比以往任何时候都高。

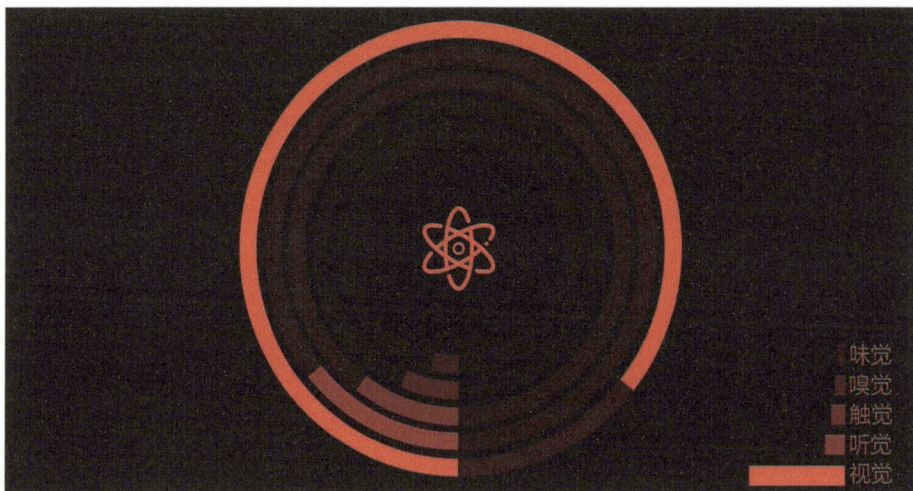

味觉
嗅觉
触觉
听觉
视觉

对于人类来说，视觉一直是获取信息的主要方式。

网络是一个视听结合的虚拟空间。也就是说，在网络中，只有人们的视觉和听觉在发挥作用，人们无法通过嗅觉、味觉、触觉获取信息。

顾客在网上购买衣服时，一般通过视觉获取衣服的面料材质、版型设计、功能特性等信息。而对于衣服的质量如何、触感是否舒适、有没有特殊的味道等信息，顾客也只能基于视觉信息通过联想获取。例如，顾客看到面料特写时，会联想衣服摸起来是怎样的触感、穿着是否舒适、是否有弹力等。

顾客在网上购买食品时，图片足够漂亮、能够唤起食欲，是刺激顾客购买的关键信息。至于食物闻起来味道怎么样、口感如何、是否有足够的分量，这些都得是购买后才能知道的。

对一个店铺来说，视觉效果也是影响顾客对其进行评价的重要因素。顾客进入店铺后，如果看到的是粗制滥造的图片、毫无逻辑的布局设计、没有任何品牌辨识度的颜色，那他对该店铺的好感与信赖感就会迅速降低，甚至开始怀疑店内商品的质量，在心里已经否定这家店铺了。

在购物的过程中，视觉效果是顾客评价商品、品牌的重要依据。

1.3.2　扫描式获取信息

如今各种各样的信息越来越多，顾客在这种情况下会越来越没有耐心。其阅读方式从最初一个字一个字地读，到一行一行地读，再到一页一页地读，最终变成了扫描式地浏览页面。

顾客不会按照设计师预想的顺序逐字逐句地阅读，而是快速地"扫描"，他们通常只会花极少的时间浏览大部分页面，或者只关注能引起自己注意的文字或图片。

顾客获取信息的方式是"扫描"，而非阅读。

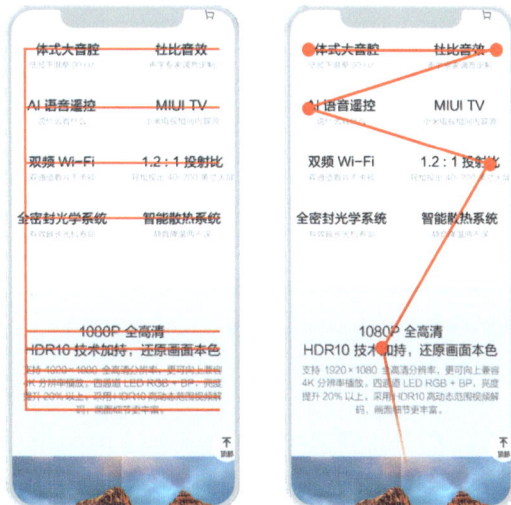

顾客通常不会逐字逐句地阅读，而是以"扫描"的方式获取关键信息。

为什么顾客获取信息的方式会变成"扫描"呢?

第一点,顾客总是有明确的目的(如只买一条裤子),而且通常想要尽快达成这一目的。

第二点,顾客知道自己不必阅读所有内容,在大多数内容中能让自己感兴趣的只有一小部分。

第三点,顾客已经习惯于通过"扫描"的方式获取信息,阅读各种文字信息的经验告诉顾客"扫描"是没有问题的。

另外,顾客看到什么,取决于自己想看到什么和熟悉什么,主要包括 3 类:与自己的目的有关;能够对其产生兴趣;在脑海中根深蒂固的关键词,如"免费"等。

人们越来越不喜欢阅读大量的文字,但越来越喜欢看图,因为图片比文字更容易记住。

美国的一位心理学教授做过一个试验,他请研究对象在 5 天内看了 10000 张图片。每张图片展示 5 秒,之后再向研究对象展示成组的图片时(一张见过的,一张没见过的),他们能记住之前看到过的 70% 的图片。如果展示 10000 条广告词,每条展示 5 秒,一个人在 5 天之后还能记住多少?

图片更容易被记住是因为图片给人的信息是具体的、形象的。在信息堵塞的今天,大脑会本能地"偷懒",避免思考和记忆,而具象信息的记忆成本较低,因此人们更愿意看图,而非看字。

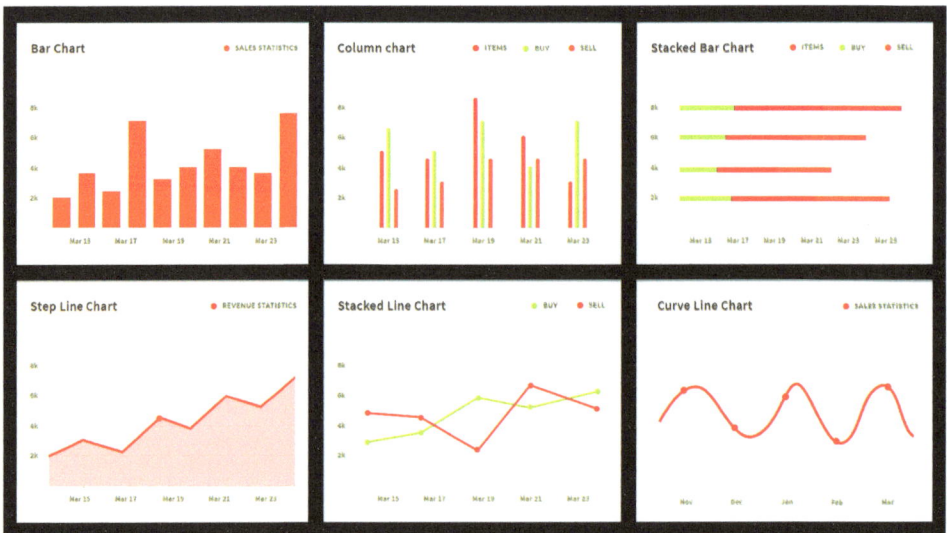

相较于文字,图片更加具象,也更加容易被记住。

1.3.3 注意力法则

一张图片只能用几秒的时间抓住顾客的注意力，并激发他们的兴趣，不然就会永远失去他们。

因为顾客一般采用"扫描"的方式获取信息，所以在前几秒内抓住其注意力就变得非常重要。

另外，注意力的分布还与信息在页面内的位置有密切的关系，简单来说就是倒三角形原则：页面上方的信息会得到顾客更多的注意力，越往下方的信息被注意的机会越少。

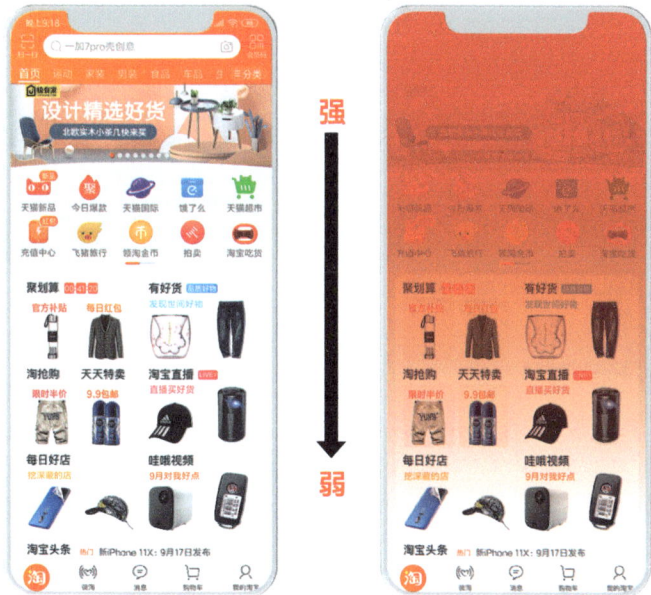

顾客的注意力通常集中在页面上方，越往下方则会渐渐变弱。

在商品描述部分，处于顶端的头图最容易被重视，顾客的大部分注意力都集中在对头图的介绍上，而需要优化的商品信息，其实处于相对次要的位置。

广告图片的设计法则亦是如此，在众多以吸引顾客注意力为目的的广告图片中，哪个能在短时间内吸引到顾客的注意力，哪个就能产生更高的成交概率。不仅在购物类、社交类、视频类等类型的 App 中，在整个互联网经济体系中亦是如此，谁能吸引到顾客的注意力，谁就获得了更多的筹码。

互联网经济就是注意力经济。

顾客的注意力不容易获取，而且极易分散。

注意力，或者说人们所关注的内容和方式，总会被认为是"点状"的，也就是长时间保持专注。例如，在阅读一本书时，读者会努力把注意力集中在内容上，避免被周围的环境和信息所干扰，即使被某些因素干扰了，读者也会把注意力拉回来。但这只是传统的注意力形态，互联网时代的注意力已不再是"点状"的了。

"放射状"能够更加贴切地描述现代人的注意力形态。请尝试阅读下面这句话：卡夫卡说人类有两大主罪，那就是缺乏耐心和漫不经心，所有其他罪恶均与这两点有关。

对于不了解卡夫卡的人来说，其注意力形态已经不再是"点状"的，因为"点"有很多个。他们会很好奇"卡夫卡"是谁，从而搜索"卡夫卡"，然后了解到他是一位伟大的小说家，耳熟能详的作品有《变形记》。这时他们又可能想起有档节目就叫《变形记》，于是又搜索了与节目《变形记》相关的信息。

大家有没有注意到，在短时间内，人的注意力形态已经从开始的一个点，放射出了很多个点——不同的内容、不同的方向。

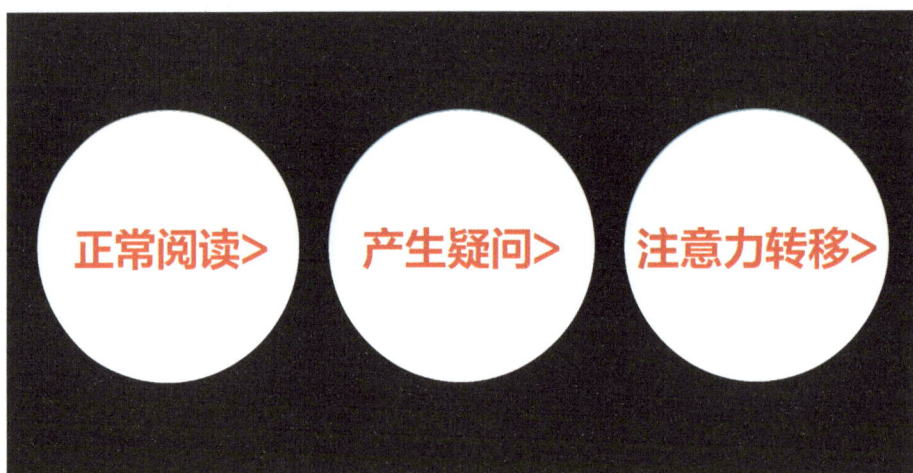

注意力会因一个小小的疑问而立刻转移到其他地方。

在网络购物的过程中，即使带着明确的目的购买一件商品，顾客的注意力也很容易被各种广告分散开，比如顾客看了半小时的球鞋，才想起来要买的是啤酒。因此，为防止顾客注意力转移，较为有效的方法就是别让顾客做无谓的思考。

顾客的注意力不再集中，他们一点都不专一！

1.3.4 低注意高健忘

很多商家把"流量"引入店铺后，会想方设法地通过商品详情页来说服顾客购买商品，却往往漏掉了一个十分重要的环节：虽已给出了一个"立即购买"的理由，但顾客的反应则是"这件商品看起来的确不错，以后可能会买一件"。

但是，想让顾客记住这件商品，并在下次购物时再想起，是非常难的。在互联网所提供的巨大信息量的裹挟中，人们越来越"健忘"，虽然习惯于收藏各种各样感兴趣的商品，但是收藏后就再也没有看过，甚至在一段时间后重新翻看收藏的商品时，会觉得从来没有见过这些商品。

在亿万件商品的包围下，顾客的"健忘"症状会更加严重。如果顾客觉得"现在没有必要买"，那营销就是失败的，这种情况就像是推销员介绍了商品信息后表示"您不必现在买，什么时候买都一样"，但谁能保证顾客下一次还会光顾。

因此，商家需要记住顾客普遍存在"健忘"的特点，不要指望他能记住商品，最好的成交时机不是明天，也不是后天，而是现在！

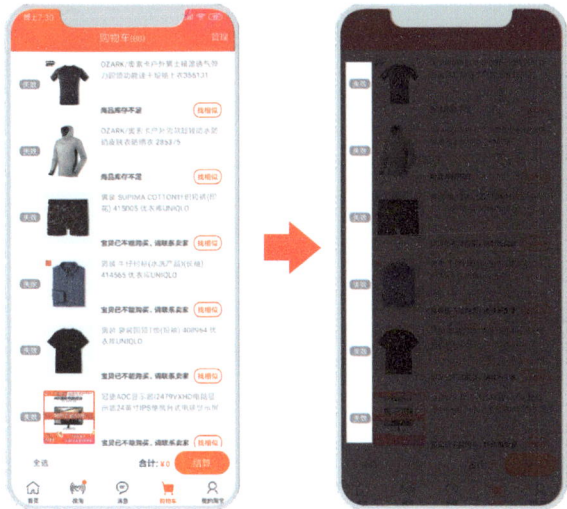

顾客普遍存在"健忘"的特点，他们很可能遗忘自己收藏的店铺、加购的商品。

1.3.5　拒绝思考

现代生活越来越快的节奏和爆炸式增长的信息让人们形成了不假思索的思考方式，并且这种现象未来会越来越普遍。

——罗伯特·恰尔蒂尼（Robert Cialdini）

很多网店的广告设计存在两个问题：一是广告语都是华丽的词语或者双关语，但是并没有显示出商品主要的信息；二是设计形式只追求美感，用各种点缀元素与绚丽的颜色搭配，但是并没有很好地展示商品。

顾客不会读那些自以为很聪明的双关语，更不会因为漂亮的颜色搭配、有创意的视觉设计去购买一件商品。因为这些信息不够直截了当、简单易懂。在选择购买商品这件事上，没有人会像写论文一样思考，所以商家应该简单明确地传达商品主要的信息。

让顾客思考是顾客购买商品的拦路虎。

设计中的创意很可能不会被顾客关注。

还存在一种信息堵塞的情况：总是在很小的页面内"塞满"各种各样的商品信息，将密密麻麻的文字、各式各样的配图、五花八门的利益点都打包呈现给顾客。至于如何吸收这些信息，则完全需要顾客思考，这也是一种错误的做法。顾客只会快速地浏览，很少仔细阅读信息，如果信息过多、过杂，顾客会快速关闭页面。

既然让顾客思考可能会导致顾客流失，那就把一些无效的信息摒弃掉。

第一，把标题中那些无效的文字全部去掉，用直截了当的文字代替，这样会大大降低顾客的阅读成本，吸引更多潜在顾客。

例如，"潮流电子，炫酷来袭"看起来好像很炫酷，但是没有人明白"炫酷"指的是什么、商品的优势是什么。如果换成清晰明了的"新款手机，预售省500元"，虽然没有之前的文案那么"炫酷"，但这个文案肯定会吸引更多的潜在顾客。

摒弃无效的文案，用更直接的文案吸引顾客。

第二，舍弃广告中那些无效的"创意"，比如时髦的配色、流行的风格、丰富的点缀元素，将主要的商品展示出来。

在广告的设计方式上，应摒弃那些"黄金比例""流行的风格""丰富的点缀元素"等创意，设计师毕竟做的是广告，广告的第一要务是吸引顾客。

店铺的结构亦是如此，要方便顾客找到商品。顾客对需要的信息及其位置都会有预期，并且会按照预期浏览，比如搜索栏一般都在页面顶端，而非其他位置。

店铺的结构要明确清晰，让顾客在浏览中无须思考。

因此，要固定店铺的结构。例如，轮播海报只宣传当下的活动、新品展示区域在页面上方、清仓打折商品在页面下方，这些固定结构可以让顾客轻松找到想要的商品，且固定浏览路径是可记忆的。

为什么淘宝、天猫、京东的页面结构不会轻易改变，显然不是因为缺少设计师，而是这些平台知道哪里应该改变、哪里不应该改变。

如果为了"新意"随意改变店铺结构，那就大错特错了。顾客进入店铺的目的是购买商品，或者寻找新的商品，而不是欣赏店铺的新结构。店铺的结构只有店家自己会关注，顾客关注的主要是商品。因此，店铺的结构和广告应该一目了然，不需要顾客思考。

1.3.6　顾客需要更直接的视觉刺激

通过前面的分析可知，如今的顾客是通过"扫描"的方式浏览页面的，并且浏览时间较短，而且浏览的过程还很容易被不直接的表述打断，导致跳失，这时的设计方案就需要给顾客"更加直接的刺激"。

例如，在商品的头图设计中一般会体现商品的名称、卖点、利益点、标志、图片等信息，这些信息很容易让设计变得很"满"，从而造成烦琐的视觉观感。因为顾客在浏览页面时不会阅读每一个字，也没有时间思考文字的含义，所以在设计中需要突出主要的信息。如果顾客在意的是商品的外观设计，那么最直接的"视觉刺激点"就是外观设计，这就需要将外观设计作为头图中的重要元素，同时使其他信息相对弱化，在视觉上突出商品的外观和质感，这样才能让商品脱颖而出，吸引顾客的注意力。

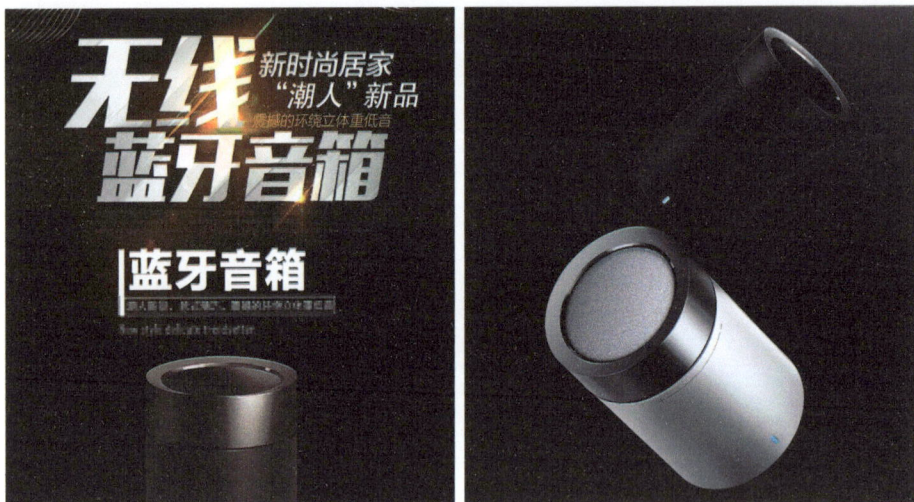

呈现产品外观设计时应将商品质感作为主要的视觉信息。

另外，可以在呈现商品外观设计时加入一个醒目的点击按钮，这个按钮能够激发顾客的好奇心，从而提高商品的点击率。

1.4 购买习惯的变化需要情感刺激式设计

1.4.1 冲动购物频率越来越高

购物场景和信息环境的变化导致顾客的浏览习惯发生变化，而购买习惯同样也发生了巨大的变化。

在网络购物发展初期，顾客的购物行为还是比较理性的，只有有了需求，顾客才会购买相关商品。而如今，购物行为不仅由顾客本身的需求驱动产生，还可能由广告诱惑产生。例如，在购买某件商品后，页面下方会出现与之相关的其他商品，虽然这些商品不是顾客想要购买的，但是它们可能会唤起顾客的购买欲望。

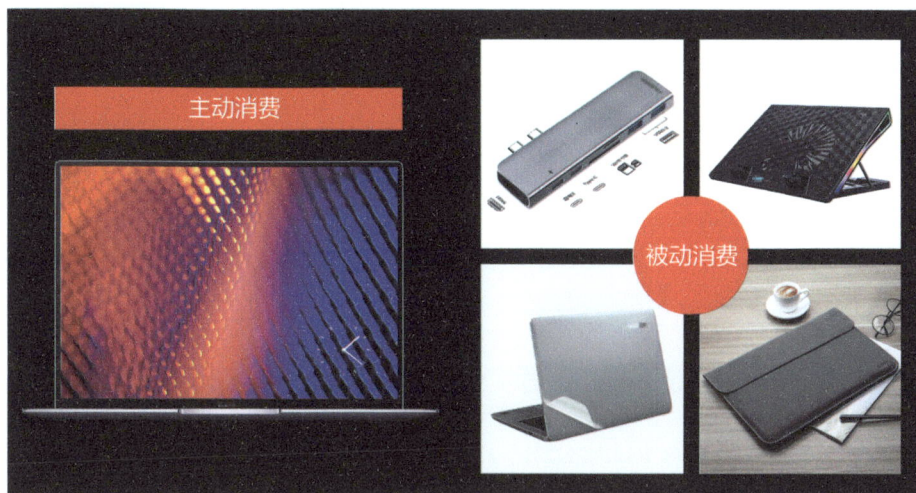

主动消费

被动消费

顾客不仅会主动消费，其被动消费各种商品的频率也越来越高。

不只是单价稍低的商品容易让顾客"冲动购物"，单价较高的商品同样也会让顾客"冲动购物"。原因很简单：有些商家提供了分期付款、白条免息，甚至先用再付款等购买方式，这些灵活的购买方式大大减轻了顾客付款时的"痛感"。例如，"双十一"活动期间，许多店铺都会推出"24期分期付款免息"活动，原本五六千元的商品，只需每个月花几百元就可以拥有，本来没有打算购买的顾客也会头脑一热进行"冲动"下单。

快手和抖音有着不可忽视的消费吸引力，会使人产生很多"冲动购物"行为。例如，在抖音中经常会看到短视频形式的广告，这些广告中总有顾客感兴趣的商品，抖音就这样把淘宝或者京东的某个商品链接推送给了顾客；甚至某些直播间会提供直接交易的购买方式，连跳转的页面都省了。不少顾客每年通过快手或抖音消费的金额比在淘宝或京东消费的金额还要多。归根结底，是短视频的内容刺激了顾客的"冲动消费"心理，短视频通过刺激顾客情感的方式来激发其对商品的需求，最终引导顾客完成交易。

无处不在的购物诱惑刺激着顾客的情感，再配合灵活的购买方式，可最大限度地唤起顾客的购买欲望，同时将顾客付款时的"痛感"降到最低，从而导致"冲动购物"的频率越来越高。

正品保证
MacBook Pro
签收24小时内降价退差价
全国联保
24期免息
九代六核i7 16GB
16英寸 轻薄本

24期分期免息

先试后买

限时优惠券

今日下单赠好礼

无处不在的购物诱惑，导致更多的"冲动购物"行为出现。

1.4.2　不再只做最佳决策

除了"冲动购物"的频率越来越高外，顾客的商品购买决策也不再是理性和冷静的了。

过去，人们在购物时往往会考虑所有的可能性，然后挑选一个最佳方案，这就是理性决策。但在充满购物诱惑的今天，顾客不会再深思熟虑地选择一个最佳方案，而是会快速选择一个"还可以"的方案，这就是满意策略。

在购买某些商品时，顾客经常会使用满意策略。因为人们总是处于忙碌中，时间很宝贵，精力也有限，所以满意策略在生活中使用的频率越来越高。毕竟大多数购物决策并不是人生中的重大决策。

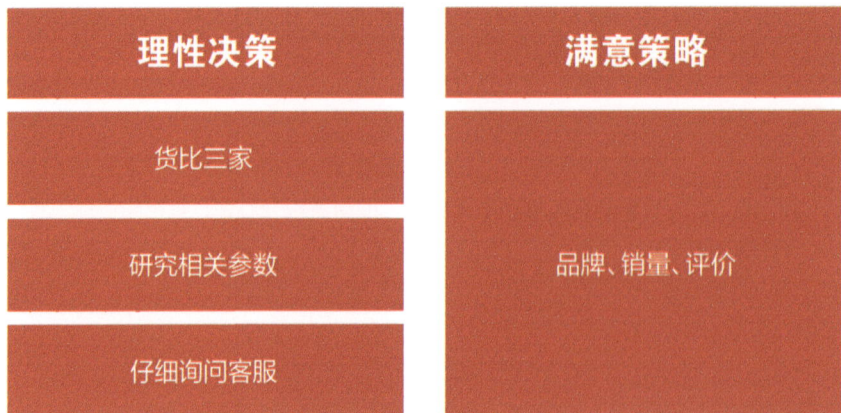

理性决策	满意策略
货比三家	品牌、销量、评价
研究相关参数	
仔细询问客服	

顾客不再只做理性决策，而是用满意策略来选择商品。

例如，在购买电视时会面对与尺寸、分辨率、显示器面板类型、内存，以及所用技术相关的各种信息。绝大多数人不会对这些信息进行详细了解，这样太浪费时间了，他们会用最简单的方式进行选择，比如看销量、看评论、看品牌，然后选择一款各方面都还不错的。当然，如果遇到具有情感刺激式设计的商品，以上这些选择维度即使都不达标，该商品也会被顾客选择。

1.4.3　情感刺激式设计

所谓情感刺激式设计，就是指从顾客的购买诉求中找到最能满足顾客诉求的方法。

例如，在购买电视时，顾客的预算是 2000 元左右，他不需要顶级的屏幕或音响，只期望电视运行稳定、操作简单，以及体积不要太大。以上就是顾客的全部诉求。

电视品牌普遍强调的"大尺寸""护眼模式""人工智能系统""大内存"等特点都不符合该顾客的选择标准，而且大多数顾客对"45 英寸""55 英寸""65 英寸"都没有明确的概念。此时，如果广告语设置为"45 英寸，小空间的最佳选择"，那么内存、系统、处理器等的参数都会显得相对不重要，因为这就是顾客想要的"适合小空间的最佳尺寸"。

不同的信息会让顾客产生不同的反应，突出展示最能满足顾客诉求的信息，让顾客产生感性需求。

在销售食品时，用情感刺激式设计最能打动顾客。商家除了向顾客描述商品通过了哪些认证、原料产自什么地方、生产工厂的规模有多大之外，最重要的是把食品最诱人、最漂亮的面展示出来，用"视觉刺激"让顾客获得"好吃"的"情感刺激"，这样就能吸引顾客进行购买。

相较于普通的原材料展示图片，呈现鲜嫩多汁的熟牛排的图片更能让顾客获得"好吃"的"情感刺激"。

情感刺激式设计就是呈现出顾客内心最关心的、拥有后能给顾客带来改变的，以及最能引发顾客共鸣的场景，从而激发顾客对商品的向往。这样才能刺激顾客的情感，进而使其做出购买行动。

1.5　购买行为背后不变的法则

1.5.1　购买行为背后的心理不会改变

虽然购物场景、信息环境、顾客的浏览习惯和购物习惯都发生了巨大的改变，但是人性始终不会改变。

美国著名广告文案撰稿人克劳德·霍普金斯（Claude C. Hopkins）在其作品《科学的广告》中这样描述道："人类的本质是不会变的，现代人跟古代的人没什么两样，所以基本的心理学原则依然牢靠，因此，你不必将学过的心理学原则全部打破、重新建立。"

首先，点击背后的动机没有改变。以前的直邮广告需要足够吸引人的标题或封面，如今优秀的网络广告同样需要具备这两个要素，而吸引顾客点击背后的原则依然是让顾客感觉广告内容与自己有关，这样顾客才有耐心继续了解商品。至于提高点击率的具体方法会在本书第 2 章详细介绍。

其次，影响顾客从点击到购买的因素也没有发生改变。在直邮广告时代，当顾客被某个标题吸引而打开广告时，广告需要让顾客产生代入感和购买商品后的获得感、获取顾客的信任，并给顾客一个"现在就买"的理由。以前是这样，今天的网络广告依然如此。关于如何让顾客"立即购买"的内容会在本书第 3 章详细介绍。

最后，顾客对品牌的偏好也没有改变。如果第一次购买体验非常好，那么顾客再次产生同样的需求时就会倾向于选择已有信任基础的店铺，也就是顾客会对品牌产生信赖感，最佳状态是成为该品牌的忠实顾客，这种状态也是所有品牌所追求的最终目标。关于如何让顾客记住品牌的内容会在本书第 4 章详细介绍。

总之，无论顾客所处的购物场景发生了怎样的变化，其购买行为背后的心理不会改变。广告的目的始终是吸引顾客的目光，商品描述的目的始终是让顾客购买商品，品牌建设的目的始终是占据顾客的心智，这些都不会改变。

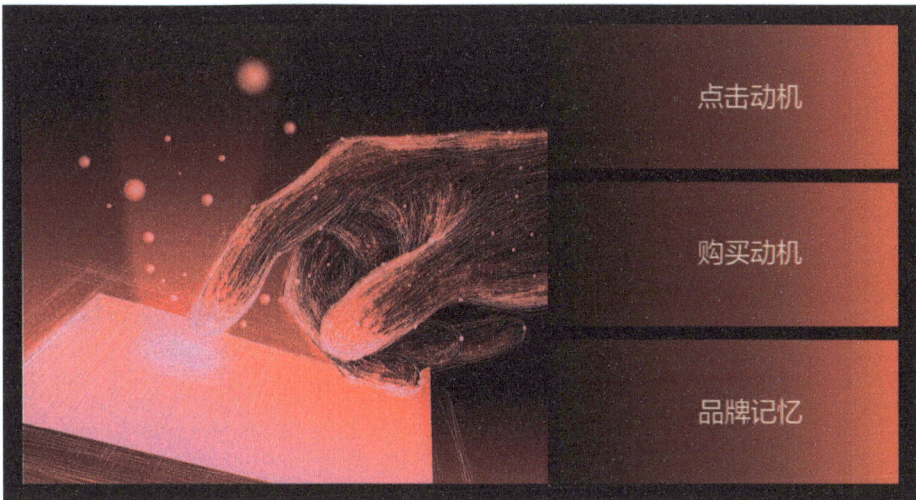

点击动机

购买动机

品牌记忆

顾客的点击动机、购买动机，以及对品牌的记忆不会因为外界环境的变化而轻易改变。

1.5.2 基本的设计原则不会改变

基本的设计原则永远经典。

人机交互设计师雅各布·尼尔森（Jakob Nielsen）提出：人类大脑的容量不会马上发生变化，所以研究人类行为所得到的成果在很长时间内都不会失效。对于顾客来说，20 年前他们遇到的困难，如今同样存在。

而视觉设计的基本原则同样不会改变。例如，通过设计体现更清晰的信息层级、让信息能被人更快速地理解、规划人们的视线走向控制页面的节奏感，以及提升文字的易读性和页面配色的美观度的方法，在今天依然奏效。

本书第 5 章会介绍视觉设计的一些基本原则。这些原则适合大多数广告图片的设计，每一个视觉设计的基本原则都需要考虑到，它能让设计作品更具吸引力，让页面更具可读性和辨识度。

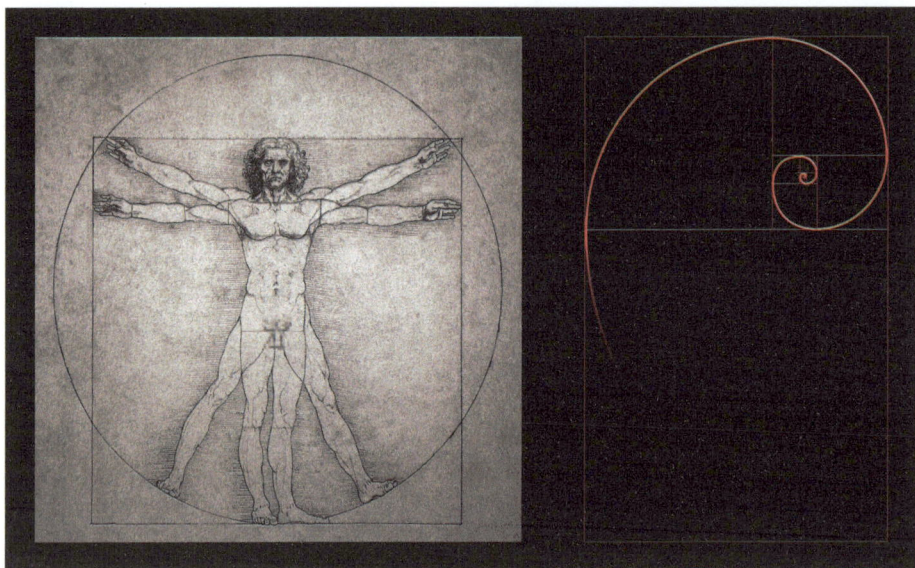

即使设计作品的载体在不断变化，但基本的设计原则仍然有效。

1.5.3　正确认识所面对的顾客

无论是以前还是现在，设计师只有正确认识所面对的顾客，才能做出"有效的设计"。

要正确认识顾客，不能只看流量数据，因为数据只能反映一部分顾客的基本特点，而无法全面体现顾客的真实特点。要想全面正确地了解顾客，需要多观察顾客的购物行为、分析顾客购物时的心理状态，并了解潜在顾客群体的文化层次、收入水平和消费习惯等。对顾客了解得越深入，做出的设计也就越具有针对性、越有效。

下面是了解顾客的一些参考维度。

第一点，顾客的年龄范围是"00 后"还是"90 后"，或者是更成熟的"80 后"？

第二点，哪种性别的顾客对商品更感兴趣？

第三点，顾客的收入大概是多少？（收入会影响他们的品位和生活习惯。）

第四点，顾客的教育水平是高还是低，描述商品所用的专业术语他们能看懂吗？

第五点，商品对顾客来说是生活必需品，还是奢侈品？

第六点，顾客会在哪些场景中使用商品？会怎样使用？（多展示这些场景能够增加顾客的代入感。）

第七点，顾客觉得商品最有价值的地方是什么？是便捷、便宜、个性，还是品质？

第八点，除了商店，顾客还能从哪些渠道获取商品信息？

第九点，顾客长期生活在什么地方？该地有什么明显的气候特点？

第十点，顾客是否受独特的群体文化所影响？

第十一点，顾客的消费理念是哪种？是以实用为主的"持家"型还是以享乐为主的享受型？

·顾客群体的年龄范围

·商品是否为顾客的生活必需品

·哪种性别的顾客更多

·收入水平

·教育水平

·使用场景

·信息接触渠道

······

尽可能全面地了解顾客的特征，让设计更具针对性。

以上维度是一些比较典型的分析方向，设计师也可以根据所面对的顾客特点总结出一个或多个消费者画像。这些消费者画像需具有不同性格、不同性别、不同工作性质，总之要能够代表顾客的特点，并且设计师要不断对其进行优化和修正，这样在设计前就会有一个明确的设计方向。设计完成后设计师还应站在顾客的角度思考："他们会对这个设计感兴趣吗？"

无论什么时候，在设计之前去了解顾客都是十分重要的。

"

顾客的注意力越来越难以集中，他们决定是否
点击广告所用的时间只有几秒甚至更短，在这
极短的时间内，如果广告没有让顾客产生继续
了解商品的兴趣，那么这个广告就没有发挥出
它的价值。因此，广告图片能否被顾客点击成
了购物过程中最为重要的因素。

"

点击率背后的奥秘

优秀的广告图片
必须具备以下 4 个特征

吸引注意力

一般来说，看广告图片的人数是阅读商品详情页人数的 5~10 倍，而且制作一张广告图片需耗费 80% 以上的总广告费用。能否吸引顾客的注意力是衡量广告图片有效性的重要指标。

筛选潜在顾客

虽然现在很多电商平台都能够根据顾客的某种特点定向投放广告，但它们依旧很难保证所选择的群体足够精准，此时就可以采用在广告图片中"点名"的方式，筛选潜在顾客。例如，在成熟女性护肤品广告中，明确"针对 30~45 岁女性的护肤方案"，这就对此年龄阶段的女性顾客进行了"点名"。这种"点名"的方式会让潜在顾客产生继续了解商品的欲望，从而提升广告点击率，筛选出精准的顾客群体。

传达重要信息

为了让看广告的人点击广告，设计师应该在广告图片中突出展示最重要的信息，把商品的优点体现在广告图片中，以便找到更多的潜在顾客。

引导顾客了解商品

成功吸引顾客的注意力后，就需要把顾客引导到商品的详情页中，达到使顾客深入了解商品的目的。例如，可以通过激发顾客的好奇心、营造幽默感或者提出问题引导顾客继续了解商品。

用点击率设计思维
设计广告图片

点击率设计思维的核心是"以产生有效点击为目的，不以美观为目的"。想要产生有效点击，就需要对顾客有充分的了解：站在顾客的角度来看，广告就像是货架上的商品包装。

在大多数情况下，广告并不是独有存在的，而是像货架上的商品包装一样，会在成百上千种商品包装中争抢顾客的注意力。而在电商的世界中，商品的头图通常是在搜索结果中展示的图片，这张图片至关重要，会直接影响商品点击率。这也是一种免费的广告资源，商家要懂得如何运用这种资源以使自己的商品从商品的海洋中脱颖而出，成为焦点，获取更多顾客的关注。

第 1 章讲到顾客的浏览习惯是"拒绝思考"，那么只有容易理解、直截了当的广告才能获得更高的点击率，才能使商家获得更多的交易机会。所以把最有用的信息呈现给顾客才是最重要的。

设计师可能会觉得设计作品过于简单是没有创意的表现，但顾客只关注商品能给自己带来怎样的好处。

为了创意而创意的广告图片是在浪费顾客的时间，同时也是在浪费广告费。广告图片是以销售商品、引导顾客购买商品为最终目的。优秀的广告能够把顾客的注意力引向商品，使顾客看完广告图片后不是说"多漂亮的设计"，而是说"这件商品看起来很棒，我要详细了解一下"。

要想提升点击率，商家除了需要了解广告图片的展示特性和顾客的浏览习惯外，还需要了解顾客的点击动机。例如，顾客会关注哪些信息，顾客的哪些欲望能够被视觉设计所刺激，哪些利益点对顾客最有效，等等。以上问题都将在本章得到解答。

2.1 点击动机 1：与我相关

2.1.1 人们总是最关心自己

有文章写道：要理解人为什么购物，应该先了解人，认识人的本性，弄清人是怎样想的、怎样生活的。

美国广告和营销心理学家丹尼尔·斯塔奇（Daniel Starch）在《斯塔奇广告读者群报告》中表示：人们最关心的是他们自己。

顾客一般不会关心商品生产工厂的规模、图片的拍摄角度等与自己无关的东西，顾客最关心的是他们自己。这是大多数设计师没有意识到的。

例如，在购买面膜的时候，面膜的包装是新包装还是旧包装，对于购买面膜的顾客来说不那么重要，顾客关心的是哪款面膜更适合自己、面膜有怎样的功效，以及敷面会给皮肤带来怎样的改善。

顾客最关心的是他们自己，所以吸引力法则的第一条就是让顾客认为"与我相关"。

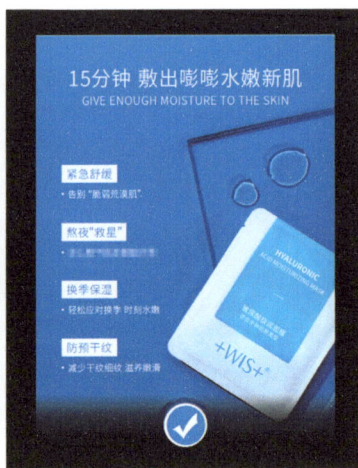

大多数顾客并不太关心商品包装的新旧，更关心商品能带给自己哪些好处。

2.1.2 指定顾客群体，提升点击率

大多数顾客最关心的都是自己，只关注与自身相关的信息，而"与我相关"中最重要的关键词则是"我"。设计师要让潜在顾客在看到广告后产生一种"广告说的就是我"的感觉，或者说广告应具有"针对性"。

在广告图片的作用中，"筛选潜在顾客"是非常重要的一点。而明确指定顾客群体就是

筛选潜在顾客的有效方式之一。

例如，"建模渲染 设计主机"能够引起从事设计工作的潜在顾客的注意，因为他们被广告提到了，所以他们会认为"这款主机是针对自己的需求打造的，能够解决计算机卡顿问题"，从而想知道它相较于其他同类商品的不同点，想了解它是否真的能够满足"高性能、大内存、安全可靠"的需求，进而产生一种点击欲，即进一步了解该商品的欲望。

在设计中明确指出特定职业，就能够轻松获得从事该类职业的顾客群体的注意力。

再如，在针对成熟女性推出的保养眼霜的广告中明确写道"30~38岁女性专属眼霜"，这会让处于30~38岁年龄段的女性顾客有一种商品与自己相关的感觉，感觉这就是为解决自己所面临的问题而特意定制的商品，它肯定有一些特别的地方。顾客因而会产生点击广告了解商品的想法。

明确地指出潜在女性顾客的年龄范围同样能抓住她们的注意力。

在电商的世界中，设计师虽然无法准确地了解顾客群体的年龄、性别和兴趣等，但要知道顾客会特别关注与自己有关的信息。

在广告图片中"点名"潜在顾客，这种设计不仅点击率高，而且点击后的转化率也比较高。

2.1.3　明确顾客利益需求点

让顾客感觉"与我相关"的另一个要点则是"相关"二字，也就是让顾客知道"自己能得到什么好处"。

什么是好处？好处不只是优惠力度和促销形式，产品带给顾客的改变也是好处，但很多人错误地认为产品的某种特点就是顾客需要的好处。例如，售卖的电视搭载了最新研发的智能电视操作系统，商家就直接用系统的名称或代号宣传，但这种方式并不能让顾客知道最新的智能电视操作系统能给自己带来什么好处。

好处与特点是不同的，特点是产品本身的属性，而好处则是特点带来的效果。促使顾客购买产品的是产品的好处，而非产品的特点，因此让顾客知道自己在购买产品后能得到什么，也是很重要的一点。

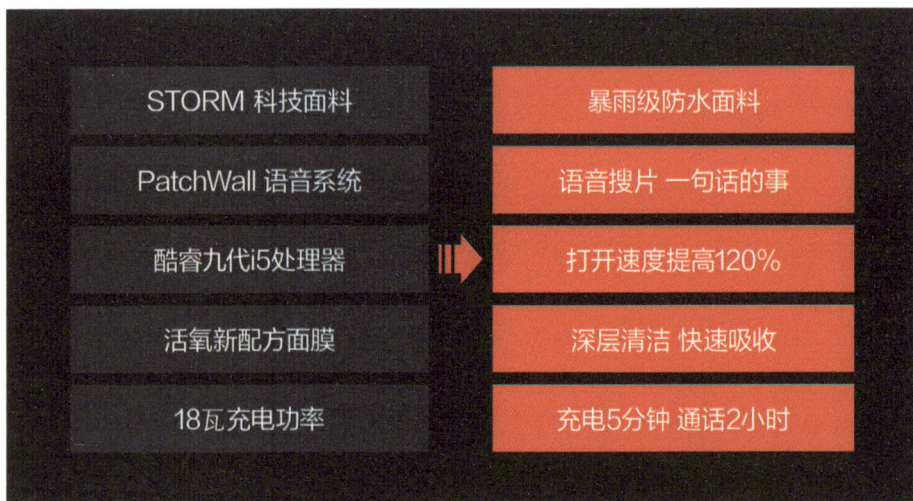

把产品的特点转换为带来的好处，让顾客知道他能得到什么。

例如，新的智能电视操作系统最大的特点就是简单易用、好上手，老人、孩子都能轻松学会操作。如果把难懂的系统名称"DSY TV OS"转换为带来的好处"老人小孩都会用"，顾客瞬间就能领会到这款电视可能带给自己的好处。

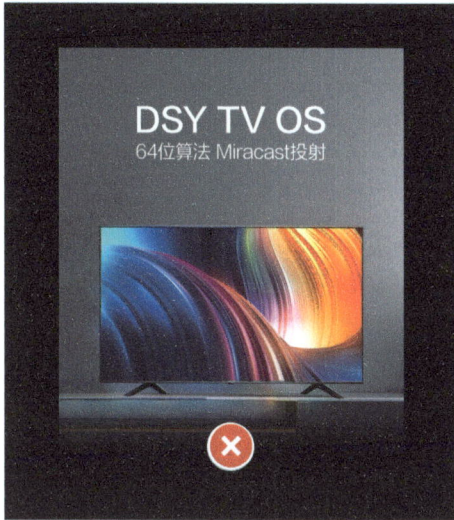

将难懂的参数和名称转换成直观易懂的"好处"。

再如，经典的手机广告"充电 5 分钟，通话 2 小时"就是一个直观地告诉顾客"能得到什么好处"的绝佳案例，它在短时间内就能被很多人记住和接受。

将充电功率参数转换成"充电 5 分钟，通话 2 小时"。

把产品最大的好处放在广告图片中，可以让更多的人了解这一好处，从而加深潜在顾客对商品的印象。

如何挖掘产品带来的好处？例如，汽车发动机能够提供 440 马力（约 330 千瓦）的超强动力，那 440 马力（约 330 千瓦）带来的效果是什么呢？开动脑筋想一想，你会很快得到答案。

2.2　点击动机 2：刺激欲望

2.2.1　找到人们的原始欲望

人类之所以能生存在这个世界上，欲望是一个重要的驱动力，这是人类与生俱来的，它深深存在于我们的生命中。好比人在饥肠辘辘时，如果看到外焦里嫩、鲜嫩多汁的牛排，肯定会本能地分泌唾液、吞咽口水。这是人的身体在通过饥饿感提示自己的需求，这是生理上的需求，每个人都无法摆脱，也是人们行动的最大动力之一。

有一位影响与说服专家曾说过："人是欲望的产物，生命是欲望的延续。"欲望不会停止，它会伴随人的一生。

设计师要从人的欲望中找出能产生视觉刺激的信息，然后在设计过程中加以应用，从而唤起顾客的需求。人的基本生理需求包括对食物的需求和对水的需求等。

这些需求能够被视觉信息所刺激，向大脑发出指令，让人将注意力集中在这些信息上。

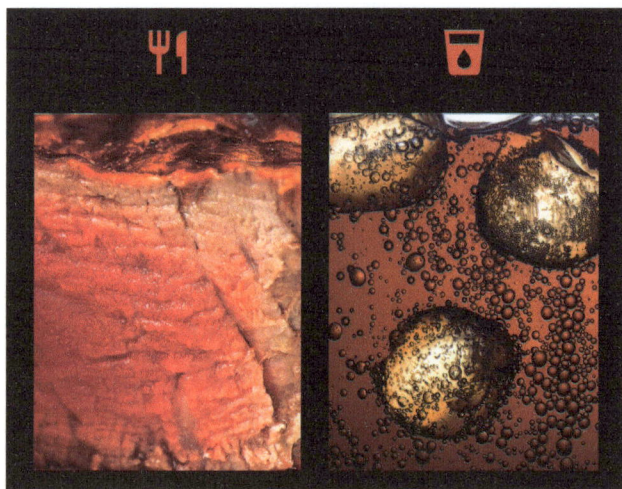

对食物的需求和对水的需求会伴随人的一生。

2.2.2　刺激顾客欲望的方法

欲望主要来自两个方面：一是身体内部的需求；二是外部感官受到的刺激，如视觉、嗅觉、听觉刺激等。

因此，在广告设计过程中，设计师需要采用正确的设计方式来刺激顾客的感官，增加顾客对商品的需求感，从而让顾客产生购买欲望。

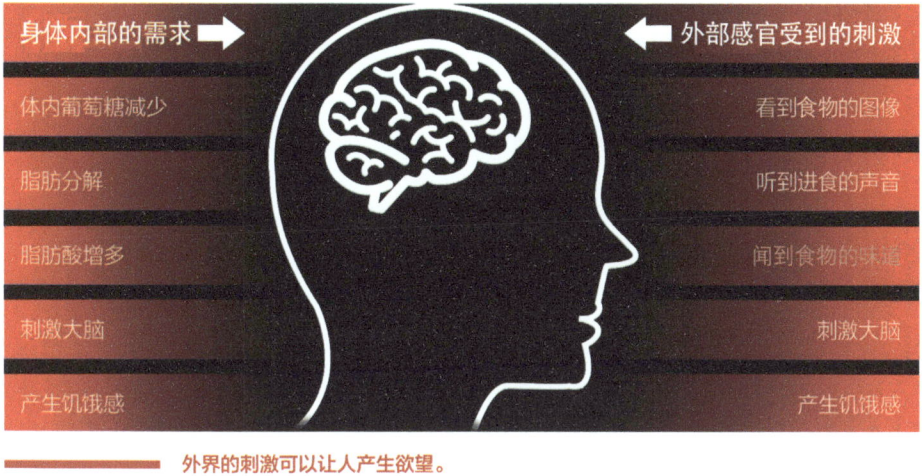

身体内部的需求 ➡   ⬅ 外部感官受到的刺激

身体内部的需求	外部感官受到的刺激
体内葡萄糖减少	看到食物的图像
脂肪分解	听到进食的声音
脂肪酸增多	闻到食物的味道
刺激大脑	刺激大脑
产生饥饿感	产生饥饿感

外界的刺激可以让人产生欲望。

1. 通过视觉设计产生直接刺激

图片的刺激

优秀的广告图片能够让人产生代入感，引起顾客的共鸣。例如，食物类的视觉设计需要用微距镜头为食物拍摄特写，将令人垂涎的美食效果展现出来，刺激顾客产生食欲，让其产生"饥饿感"。

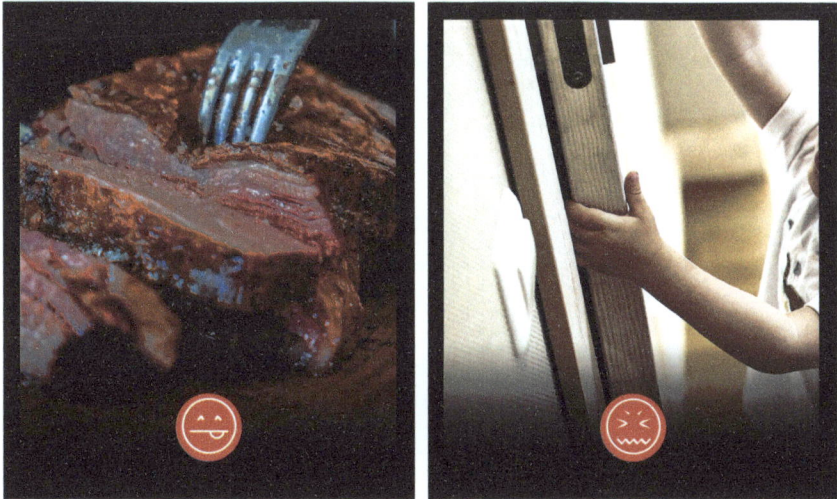

美食的图片会让人产生"饥饿感"，手被门板夹住的图片会让人产生"疼痛感"。

45

优秀的广告图片除了可以刺激顾客产生欲望，还能与其情感产生关联，带给顾客与之相关的感受。例如，看到手指被门板夹住的图片时，顾客也会产生被夹住的"疼痛感"。

色彩的刺激

除了图片能够刺激欲望，不同的色彩也能对人们产生不同的影响，比如食物的色彩将直接影响人们的食欲。

红色是比较能激发食欲的色彩。红色在可见光谱中波长最长、最为醒目，给人以迫近感和扩张感，容易让人们产生兴奋、激动和紧张的情绪。例如，大部分餐厅的灯光都是暖色的，一些餐厅甚至还会用红色座椅。红色除了能够刺激人产生食欲，还有一个神奇之处，那就是"让人产生兴奋感"。

黄色也能刺激食欲，因为它常常与快乐联系在一起。例如，一些餐厅会安装黄色的窗户或者在桌子上放黄色的花，这种温馨的用餐环境会让人感到自己很受欢迎，并且很有可能增加其"饥饿感"。

绿色的食物很容易被视为健康食物，黑色的食物则很容易被视为变质或对人体健康有害的食物。

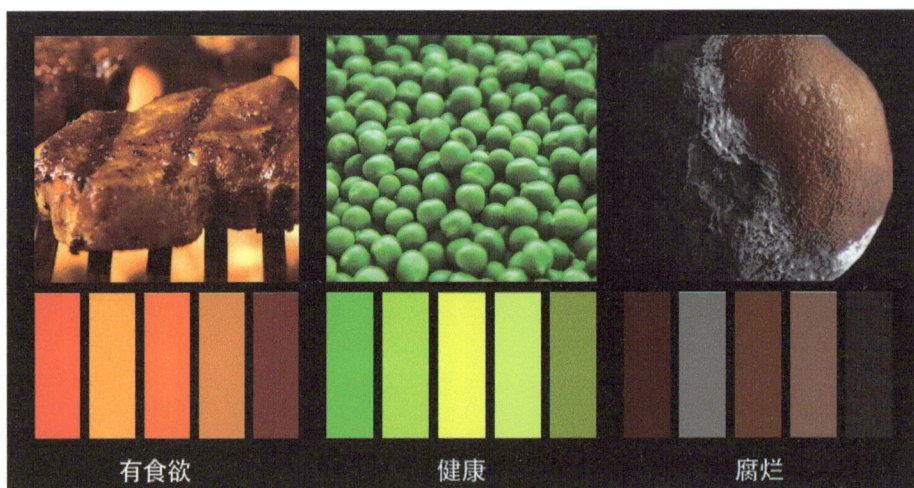

红色让人感到有食欲，绿色代表健康，黑色代表腐烂。

另外，色彩的饱和度同样会影响人的判断与感受，高饱和度的图片更能刺激食欲，而低饱和度的图片会让人感觉食物不新鲜、不干净。

对于两杯口味相同的橙汁而言，颜色饱和度高的那杯让人感觉更甜。

2. 通过文字和声音产生间接联想

图片能够直接刺激人们欲望的产生，而通过文字和声音产生的间接联想也能刺激人们欲望的产生。

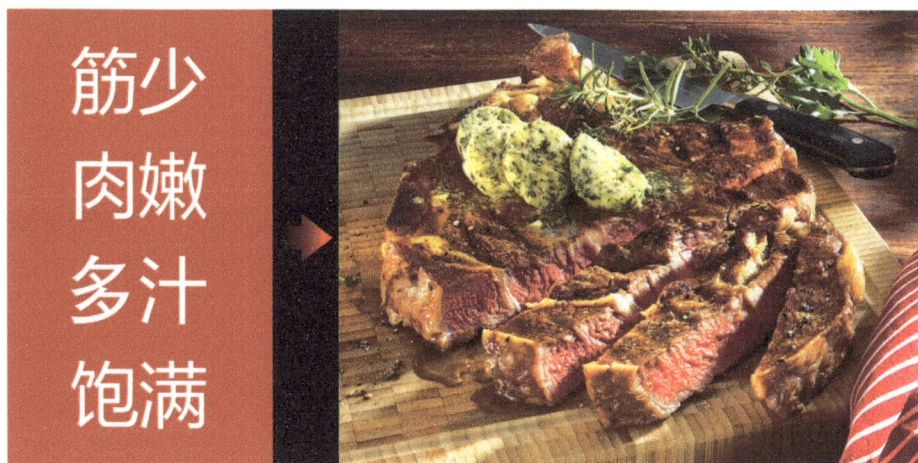

筋少
肉嫩
多汁
饱满

用具象的、有画面感的文字可以间接刺激欲望的产生。

如果广告是以视频或音频的形式传播的，那么声音会刺激人们的听觉神经。咬碎薯片时发出的声音、倒啤酒时发出的声音……这些声音都会刺激人们的大脑产生联想，进而产生相应的欲望。

通过视觉和听觉刺激让顾客产生欲望，可以提高广告的点击率。

2.3　点击动机 3：唤醒危机感

2.3.1　5 种危机感信号

森林中的鹿群警惕性都很高，在安全的环境中，鹿的尾巴会不停地摆动。当鹿群遭遇危险时，鹿的尾巴会垂直不动，这是在释放视觉上的危机感信号，当其他鹿看到此信号时，它们就会产生危机感并马上提高警惕。

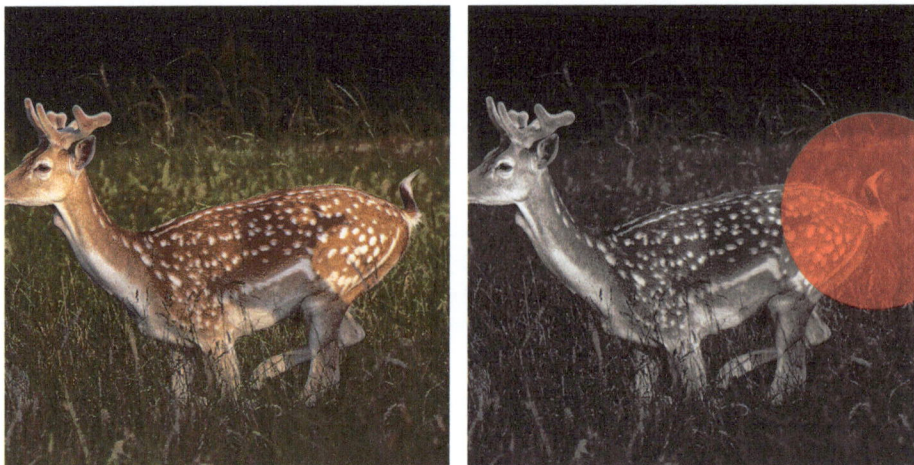

很多动物在遇到危险情况时都会释放危机感信号，以使同伴提高警惕。

和鹿群一样，很多动物在面临危机时都会释放一种特定的信号，这种信号就像"快捷开关"一样，会刺激其大脑，信号一出现，其身体就会本能地做出反应。危机感信号也存在于网络购物中，一出现就会被顾客注意到。

在收到危机感信号时，几乎所有人都会采取行动来避免受到伤害。常见的危机感信号有以下 5 种。

1. 健康的威胁

每个人对自己的健康都很重视。例如，当看到某商品的广告中有"枕头上每天爬着上千万只螨虫"这样一句话时，顾客肯定会感到强烈不适，甚至会觉得最近皮肤情况糟糕很可能就是螨虫造成的。"螨虫"这个危机感信号唤醒了顾客的危机感，因此顾客会点击广告以了解对抗螨虫的方法。

人们面临的健康威胁很多，比如被污染的空气、传染性疾病、二手烟等，这些都是让人提高警惕的危机感信号。

2. 安全的威胁

近年来，保险越来越受到人们的青睐，而购买保险的目的就是减少身边的安全威胁给自己带来的伤害。例如，大火、碰撞等安全威胁信号会让人本能地提高警惕，并且采取必要的预防措施。

3. 家人所面临的威胁

人们对家人所面临的威胁同样非常重视，尤其是孩子。家长总担心孩子会遇到危险，并认为孩子的安危比自己的事情要重要得多。

4. 稀缺资源带来的危机感

人们面对稀缺资源时会产生强烈的危机感，特别是在其他人都在疯狂争抢的时候，这种感觉会更加强烈。例如，限量款的球鞋或口红，这些"限量"或"抢购"等字眼极易激起顾客的购买欲望。

5. 时间的紧迫感

大多数人在促销活动期间总会想着买点什么，这是因为时间的紧迫感会给顾客带来压力，从而刺激其购买欲望。

商品能帮顾客解决哪种威胁？试着去唤醒顾客的危机感。

常见的 5 种危机感信号。

2.3.2 唤醒顾客危机感的方法

1. 用文字体现威胁

可以用文字把顾客所面临的威胁体现出来，以唤醒其危机感。文字表述不能太含蓄，要直接把危机感信号释放出来。例如，空气净化器的广告语"你每晚都会呼吸 8000 次有毒气体！"就能让顾客产生危机感。

直接告诉顾客他所
面临的威胁，从而
引起其关注。

2. 用图片展示威胁

如果文字难以让人产生危机感，那就用图片直观展示威胁。前文提到"优秀的广告图片能够使顾客产生代入感，引起顾客的共鸣"，图片可以更直观地利用视觉信息刺激顾客的大脑，唤醒强烈的危机感。例如，杀虫剂广告通过图片直接向顾客展示害虫，会比"灭杀各类害虫"这类文案更能起到警示作用。

通过直观的图片释
放危机感信号可引
起潜在顾客的关注。

3. 顾客的规避损失心理

相比得到，人们更害怕失去，比如丢钱带来的痛苦远大于捡钱带来的喜悦，这种现象在心理学上叫作"规避损失"。

在购物过程中，规避损失的心理较为明显。例如，在面对"60元的衣服+10元的运费"与"70元包邮的衣服"两个广告时，更多的人会更愿意选择后者。这是因为顾客有规避损失的心理，即不愿意支付"额外的运费"。

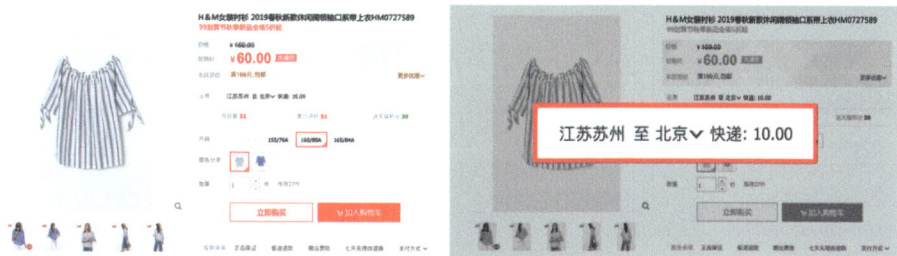

出于规避损失的心理，顾客会拒绝支付"不必要的费用"。

不要说能为顾客省下多少钱，而要说能让顾客少花多少钱、选择其他商品会损失多少钱。

4. 强化已有的危机感

"12点后才睡？你要注意了！"这句话会引起经常熬夜的人群的注意，原因有两个：一是广告"与我相关"；二是原本的危机感会被广告强化，让顾客不得不引起注意。

除了用以上4种方法唤醒顾客的危机感，还可以对潜在顾客群体进行具体分析，了解顾客想要解决的问题，然后通过视觉刺激将问题体现在设计方案中，以唤醒顾客的危机感，达到吸引顾客点击广告的目的。

对已有的危机感进行强化，让顾客不得不引起注意。

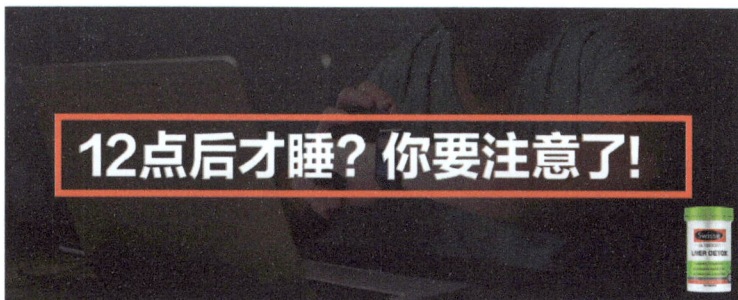

验证码：11167

51

2.4 点击动机 4：激发向往

2.4.1 5 种普遍存在的心理向往

在保时捷跑车的宣传片中，听到阵阵引擎声浪，看到跑车极具张力的外形设计及其在崎岖山路上飞驰的画面时，视觉与听觉上的刺激会让人热血沸腾。很多人都会被它吸引，因为这是他们梦想的化身、心中的向往。

对物品的向往并不是人们天生的生理需求，每个人都有向往的东西。例如，有些小孩子一看到玩具，就会露出渴望的眼神。

小孩子对玩具有强烈的向往感，而成年人也对自己热爱的东西有强烈的向往感。

人们对物品的向往感虽然不是与生俱来的，但会随着成长渐渐产生，向往感存在于每个人的心中。常见的心理向往主要有以下 5 种。

1. 对美的向往

对美的向往是很早就出现的、最普遍存在的心理向往，因为美的事物能够通过视觉刺激给人们带来心理上的愉悦，而这种愉悦在几千年前，即人类文明刚刚出现的时候就已经伴随我们了。例如，大部分人挑选衣服的首要因素是"好看"，人是视觉动物，每个人都想拥有美好的外在形象，女性都喜欢漂亮的衣服、凹凸有致的身材，而男性同样也喜欢把自己打扮得帅气得体。

2. 对舒适便捷的向往

每个人都会为了自己和家人追求更舒适的生活条件，比如购买舒适的床垫、好用的榨汁机、美观的家具，以及让出行更加便捷的汽车等。这一切动机都是为了让生活更加舒适，这种对舒适便捷的向往存在于大多数人的心中。

3. 对自由的向往

越来越多的人厌倦了朝九晚五、两点一线的生活，开始热爱户外运动和旅行。而想要"走出去"的原因则出于人们对自由的向往，人们大都向往拥有那种身处蓝天白云之下、无拘无束的美好心情。

4. 对精神世界的向往

大多数人小时候都会有喜欢的玩具，长大后会有喜欢的运动、工作等，这是因为这些事物能够丰富人们的精神世界，形成一种特定的群体文化，同时也会让人产生一种群体的归属感。

每个人都向往不同的精神世界。例如，电影有《星球大战》、《变形金刚》、"超级英雄"等系列；游戏有《英雄联盟》《超级马里奥兄弟》《魔兽世界》等；动漫有《航海王》《火影忍者》《七龙珠》等。每个作品都有独特的"粉丝"群体，当商品中出现这些作品中的元素时，该商品便会成为"粉丝"关注的对象。

5. 对身份认同感的向往

例如，豪华的跑车象征着"社会地位与成就"，时尚大品牌的产品暗示着"有品位、有魅力的女性的选择"等，这些对身份认同感的向往同样普遍存在于大多数人的心中。

美感　　　　舒适便捷　　　　自由　　　　精神世界　　　　身份认同感

对美、舒适便捷、自由、精神世界、身份认同感的向往是 5 种普遍存在的心理向往。

2.4.2　通过视觉刺激激发向往感

模特拥有顾客想要拥有的好身材、精致的五官和优雅的气质。当看到模特穿着的衣服时，顾客就会把美好的形象与自己结合起来，这种视觉刺激会让顾客产生一种正向心理暗示，也就是说，可以通过呈现顾客心中美好的视觉形象来告诉他"你也可以这么美"。

在多数情况下，顾客都会受正向心理暗示的影响，激发自身对美的向往，并且想象自己也能与图片中的模特一样美。在这种正向心理暗示的作用下，顾客很可能会购买商品。

这种吸引方法不难发挥作用，不需要费尽精力说服他们，也无须用更多的文字来刺激他们，只需要展示出他们心中美好的视觉形象，这样就能激发顾客的向往感。

通过呈现最理想的视觉效果激发顾客对产品的向往感。

因此，在这种情况下，视觉设计的重点不应再是构图、色彩、字体等，而是展示顾客最向往的视美好形象。例如，通过调整图片的参数，将商品展示得更有质感，让顾客聚焦于商品本身，并且产生与自己相关的联想，从而激发内心的向往感。

展示顾客向往的美好形象能够唤起他们的认同感与向往感。

香水广告通过展示美好的形象激发顾客对香水的向往感。

2.5　点击动机 5：利益刺激

2.5.1　利益是大多数人所追求的

最初，网购吸引人们的原因并不是它的便捷性，在很大程度上是网上的东西相对于实体店要便宜得多。用更低的价格买到更多的东西，或许才是促使人们通过网络购物的重要原因。

现在，有些人说"消费升级""顾客不再喜欢便宜的商品，而是喜欢更优质、更有品位的商品"，这些说法听起来挺有道理的，但是过于主观。显然持"消费升级"观点的人要么是少数群体的代表，要么是想把商品卖得更贵的商家，而有些电商平台的飞速发展与成功证实了并非所有人都在追求"消费升级"，无论什么时候，大多数人都很难抗拒价格低廉的商品的魅力。

1. 价格永远是敏感因素

人们很难抗拒"实惠""免费""赠送"等词语的吸引力。大部分顾客都对价格比较敏感，顾客的消费理念很多时候都是"价格压倒一切"。

即使有的顾客从来不在拼多多这类主打"低价"的 App 中购买商品，但在淘宝、天猫、京东等主要电商平台购买商品时，价格同样是非常重要的敏感因素。例如，顾客会选择在开展促销活动、有优惠券、有赠品的店铺购买商品，毕竟几乎没有人不喜欢"花更少的钱，买更多的东西"。

价格对于顾客来说永远是最敏感的因素之一。

2. "免费"和"低价"总能吸引顾客的注意力

有一篇题为"老人排队几小时只为买便宜鸡蛋"的报道：一家刚开业的门店为了烘托人气、吸引顾客，采取了低价便宜卖鸡蛋的举措，每斤鸡蛋比市场价便宜1元，但每个人最多只能买10元的鸡蛋，很多人为了买便宜的鸡蛋排了一两个小时，甚至三四个小时的队。

如果认为老人的这种行为很可笑，那么大家可以想一下自己在去年"双十一"买了多少东西，其中又有多少东西是根本不需要或从来没用过的，仅仅是因为"便宜"而买的。

"免费"和"低价"会让顾客即使在没有需求的情况下也会产生购买行为。

《怪诞行为学》一书中提到"免费"有很多用途，它不仅可以用作商品促销手段，还可以帮顾客做出决策。其实，很多物品都有有利的一面和不利的一面，只是"免费"让顾客忘记了其不利的一面，"免费"容易使顾客产生冲动情绪，让顾客误认为"免费"物品的价值高于它真正的价值，这是因为人类本能地惧怕损失。而"免费"真正的诱惑力与惧怕损失的心理有关。

利益是大多数人所追求的，也是顾客在购物时十分在意的，有效的利益点能快速吸引顾客的眼球。

2.5.2　使用有效的利益点

1. 顾客所追求的利益是相对的

如果可以用"9.9元包邮""免费送"等销售方式，商家就可以毫不犹豫地将其放入广告图片中，因为这种方式能在很大程度上吸引顾客的注意力，且大多数人都无法抗拒这种诱惑。当然，高客单价的商品也不必通过设置超低价格，甚至免费送人的方式来吸引顾客的注意力，这种"伤敌一千，自损八百"的做法并不可取。如果掌握了顾客对低价的诉求背后的心理，商家就能用其他方式对顾客产生和"低价"一样的利益吸引力了。就像没有人会幻想用10元买一部手机，因为顾客追求的不是绝对的便宜，而是相对的便宜。例如，对于同样的手机，其他商家卖3000元的时候，出现了一家卖2500元的，顾客一般都会选择购买后者。

顾客并不是一味购买便宜的商品，而是想买自己感觉能占到"便宜"的商品，也就是说，顾客追求的不是绝对的便宜，而是相对的便宜。例如，新商品出现后，顾客会将其与老商品比较、与同类商品比较，所以"便宜"就是比较的结果。如果让顾客感觉花同样的钱能买到更好、更多的商品，或者花更少的钱能买同样的商品，顾客就会产生占到"便宜"的感觉。

便宜是相对的，是让顾客感觉占到了"便宜"。

便宜可以通过与同类商品的价格对比体现。

2. 换种表达方式可能会让利益点更有效

赠品其实也利用了顾客想要"占便宜"的心理，比起直接送给顾客，"加1元换购"能让顾客感觉自己占了更大的"便宜"。因为直接赠送会让顾客认为每个人都有，送给他也是理所当然的，而"加1元换购"则让顾客感觉只花了1元就买到了别人没有的商品，感觉自己占到了"大便宜"。

相较于免费的赠品，"加1元换购"的形式更能让顾客感觉自己占到了"便宜"。

不同的打折方式会对顾客产生完全不同的吸引力。当商品价格较低时，"打折"会更有吸引力，比如10元的商品"打6折"肯定比"立减4元"更能让顾客觉得便宜。当商品价格较高，又不能以很低的折扣销售时，用"立减"的形式更能让顾客感觉便宜，比如商品价格为10000元，这时"打9折"会让顾客感觉商家没有诚意，如果换成"立减1000元"的表达方式则会让顾客感觉商品便宜了很多。

相同的折扣、不同的表达方式能让顾客感受到完全不同的优惠力度。

3. 利益点不只是"便宜"

不同顾客的利益点是不一样的，并不是每个顾客都只在意商品是否"便宜"，可能有些顾客会更在意是否"省时间"。因此，在选择利益点时要了解哪些利益点（如便宜、免费、省时间、优惠力度、高效等）对顾客来讲是最重要的，只有融入这些利益点的设计方案才更有效。

只有选择顾客最在意的利益点，设计方案才能更有效。

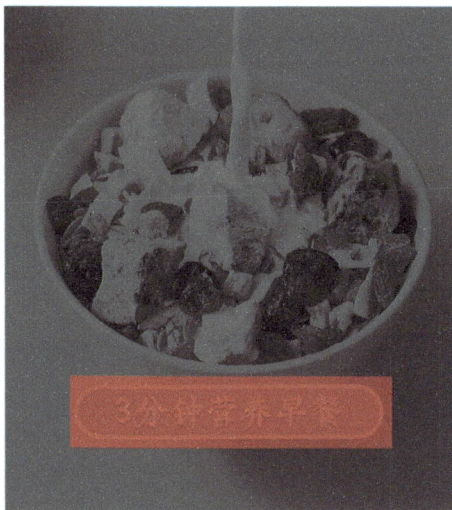

利益点不只是"便宜"。当顾客最在意时间时，"省时间"就是最能打动顾客的利益点。

2.6 点击动机 6：好奇心驱使

2.6.1 营销中的好奇接近法

先来看以下两个案例。

案例一：这 4 种习惯，会让你长痘痘！（护肤品广告）

顾客看到这个广告时会产生好奇心：我皮肤最近不太好，很可能是某种习惯造成的，点进去看一下吧。

案例二：空调病的 3 种症状，你中招了吗？（风扇广告）

顾客面临健康威胁时会思考：我偶尔会头痛，是不是天天在办公室吹空调造成的？

这4种习惯
会让你长痘痘！

顾客产生好奇心后，就会产生继续了解商品的想法。

空调病的3种症状，
你中招了吗？

好奇接近法就是利用顾客的好奇心，引起顾客对商品或广告的注意和兴趣，从而促使其点击广告。

其实上述两个案例都利用了一种多数人都具有的"好奇心缺口"［由美国卡耐基梅隆大学的行为经济学家乔治·洛温斯坦（George Loewen-stein）提出］。所谓"好奇心缺口"就是指当人们觉得自己的知识出现了缺口时，好奇心就产生了。缺口的存在会诱惑人们努力去填补这个缺口，就像有了伤口要止血一样，这是人的一种自然心理反应，是人的一种本性、一种基本的生物驱动力。

在广告设计中，也可以利用"好奇心缺口"来吸引顾客的注意力，让顾客产生好奇心，从而深入了解商品。

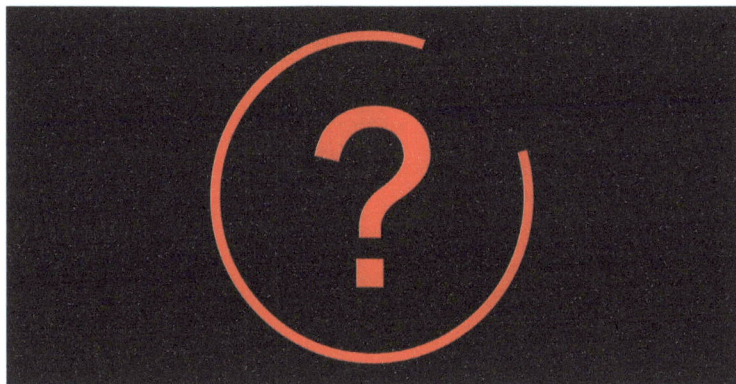

"好奇心缺口"出现后，人们会想办法填补这个缺口。

2.6.2 如何唤起顾客的好奇心

1. 以"如何"来开头

你有没有发现，当阅读"如何唤起顾客的好奇心？"这个标题时，你的好奇心已经被唤醒了，而唤起好奇心的就是"如何"两个字。当开头出现"如何"二字时，广告就已经从侧面告诉顾客，这里有他们想要的答案，从而让顾客产生探索答案的欲望。

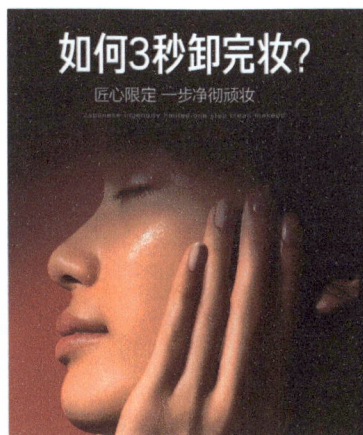

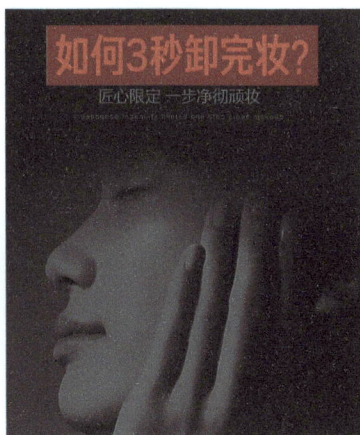

广告用"如何"开头能让顾客产生探索答案的欲望。

2. 以"问号"来结尾

当结尾出现"问号"时，广告就会在顾客心里创造一个"开环"，这个"开环"会让顾客变成"强迫症患者"，从而去理解广告提出的问题，并且找出答案。下图所示的广告就在顾客心里创造了一个"开环"，即"8GB内存的投影仪，卖这么便宜？"

广告以"问号"结尾，会在顾客心里创造一个"开环"。

3. 暗示好处

暗示"商品能带来怎样的好处"也能让顾客产生好奇心。例如，"为什么你还在擦油烟机"（暗示这款油烟机不用人工清洗），"鲜为人知的摄影技巧，分分钟拍出'大片'"（暗示了解这些技巧之后就能轻松拍出"大片"了）。

暗示商品能带来的好处能唤起顾客的好奇心。

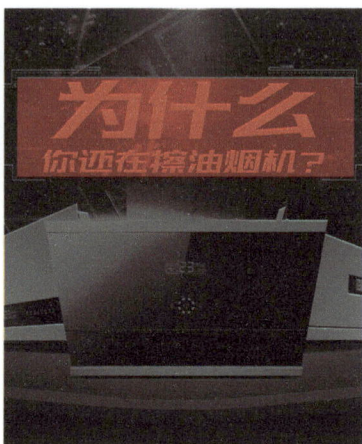

4. 使用刺激性词语

一些刺激性词语总是能够吸引人们的眼球，如"惊现""突然""震惊""紧急"等。新闻标题就常用此类词语。

刺激性词语通常很容易得到人们的关注。

5. 利用窥探心理

人们对于行业精英、大品牌或者某个热门群体总有一种窥探心理。例如，互联网"大佬"们又提出了什么新颖的观点，某大品牌又有什么新举动。

人们总是热衷于了解与行业内领先企业相关的信息。

6. 新事物和新消息

人们总是对新技术或新商品感兴趣，都想"一睹为快"，而不想"落伍"。因此人们对与新商品相关的信息和即将发生的事件会十分好奇，比如"个税缴纳比例最新变动""华为旗舰机型震撼首发""全新防水面料发布"等。

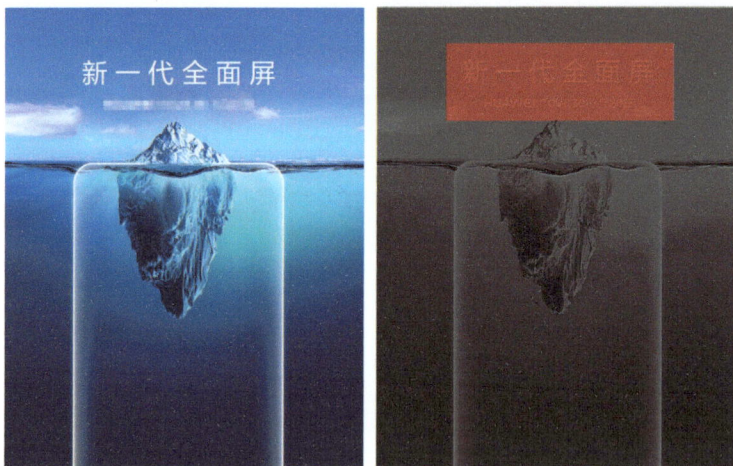

新商品、新技术会让顾客想"一睹为快"。

能够引发好奇心的前提是：一方面，商家抛出的问题能够让顾客产生共鸣，让顾客产生探索答案的欲望；另一方面，利用"好奇心缺口"吸引顾客的广告必须专注于"顾客本身的利益"，知道他们想要什么、需要什么，而商品恰好可以满足他们的需求。

2.7 点击动机 7：视觉吸引力

要提升点击率，设计师需要基于顾客的心理需求，了解顾客点击广告时的心理活动和顾客点击行为背后的心理诉求。除了对顾客进行间接的心理暗示以外，设计师还可以通过视觉设计刺激顾客，形成视觉吸引力。

1. 夸张

人们天生就喜欢"超常"的刺激，那些常见的视觉元素人们早就看腻了，因此夸张的表现形式能够让广告与众不同，引起顾客的联想，在众多广告中赢得顾客的注意力。

视觉上夸张的要点在于找到商品最鲜明的特点，并将其放大，即在保留原有特点的情况下赋予画面趣味性与新奇感，增强画面的视觉张力，从而引发顾客的想象与兴趣。

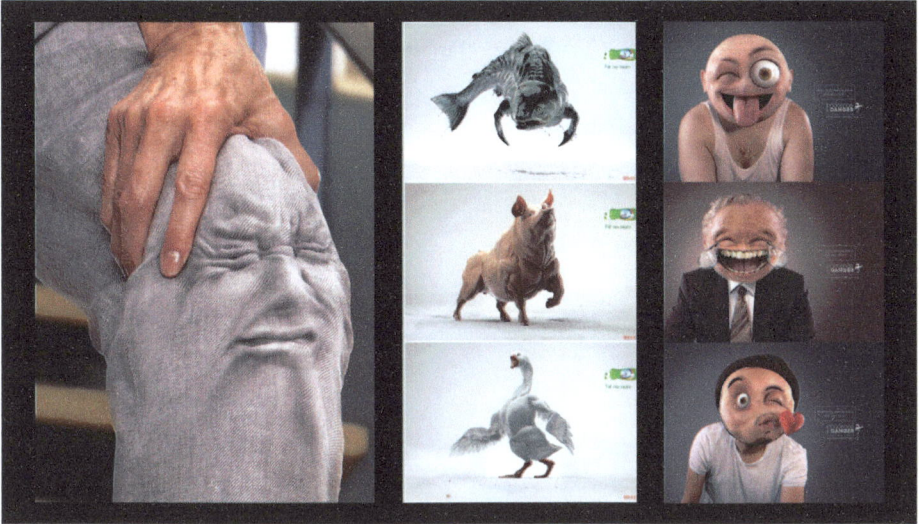

抓住商品最鲜明的特点并将其放大，赋予画面趣味性，以吸引顾客的注意力。

2. 故意制造错误

当看到不符合常理的图片时，人们就会一探究竟。因为错误现象会吸引人的注意力，会让人产生"好奇心缺口"，而这种"好奇心缺口"一旦产生，人们就会主动寻找答案。

试着在广告图片中故意制造一些"错误"，这样会让大多数人的目光立刻锁定在这些错误上。

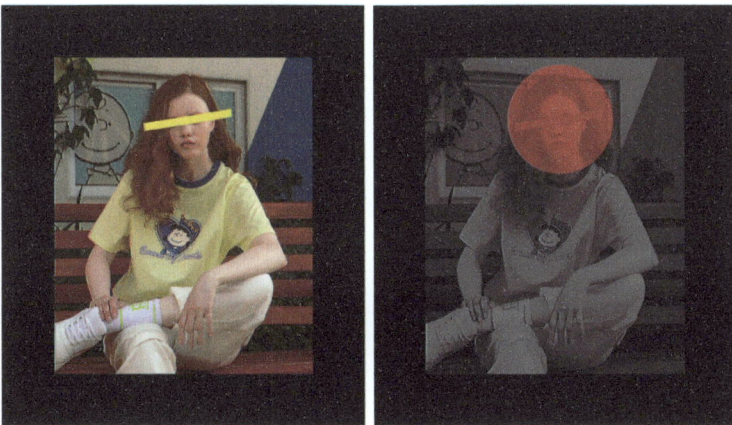

故意错误的图片会打开人们的"好奇心缺口"，进而获得关注。

3. 异性吸引

　　1996年，当化妆品广告几乎都由女演艺人员拍摄时，日本化妆品公司佳丽宝就邀请了当红男艺人来拍摄口红广告。该广告当时几乎轰动了全日本，口红甚至卖到脱销，海报更是经常被"粉丝"撕走！时至今日，依然有许多广告运用了这种技巧而且效果很好。

手表的广告海报会同时用男性和女性模特来引起顾客的注意。

4. 直观对比

　　与其用文字描述商品有多么与众不同、效果有多么好，不如用一张使用商品前后的对比图片，这样给人带来的冲击感更强烈。

直观对比更能让顾客感受到商品的效果，所传递的信息也更具有说服力。

5. 视觉差异化

失败的广告总是试图传递太多的信息，而在怎样吸引顾客方面却很少让人看到有效的信息。

我们知道，品牌的经营战略应具有差异化，而视觉差异化也同样重要。有一个成语叫作"鹤立鸡群"，鹤在鸡群中那么明显就是因为形成了视觉上的差异。而在视觉差异化中色彩的差异化效果排在第一位，因为色彩的差异非常容易察觉出来。例如，货架上的白酒大都采用红色包装时，采用蓝色包装的白酒会更突出。

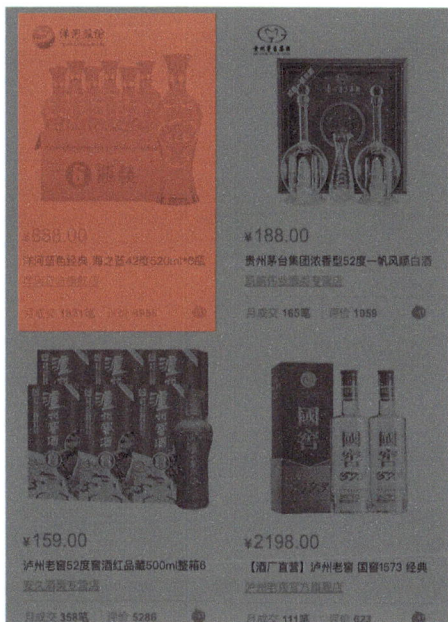

采用蓝色包装的白酒在大都采用红色包装的白酒中格外显眼。

除了色彩的差异容易被注意外，广告形状的差异也有较强的吸引力。例如，在大多数广告形状都是长方形或正方形的情况下尝试使用圆形，可能会吸引更多人的目光。除此之外，风格的差异也能让广告与众不同，比如模特的妆容、道具、拍摄角度等都可以与众不同，从而与竞品形成差异。

视觉差异化除了能够吸引顾客的注意力，还能够强化品牌的独特性与视觉记忆点。关于品牌视觉形象建立的内容会在第 4 章详细介绍。

6. 把广告做成优惠券的样式

　　利益是大多数人所追求的，所以在这种情况下，优惠券渐渐使人们形成了一种条件反射——优惠券就等于优惠。把广告做成优惠券的样式，再配合一定的优惠力度，能够吸引很多顾客的目光。

把广告做成优惠券或者红包的样式就是将视觉形象与优惠联系在一起。

7. 面孔吸引

　　人的大脑中有专门识别人脸的区域：在视觉皮层之外还有一处特殊区域，可专门识别人脸，科学家称之为梭形脸部区。

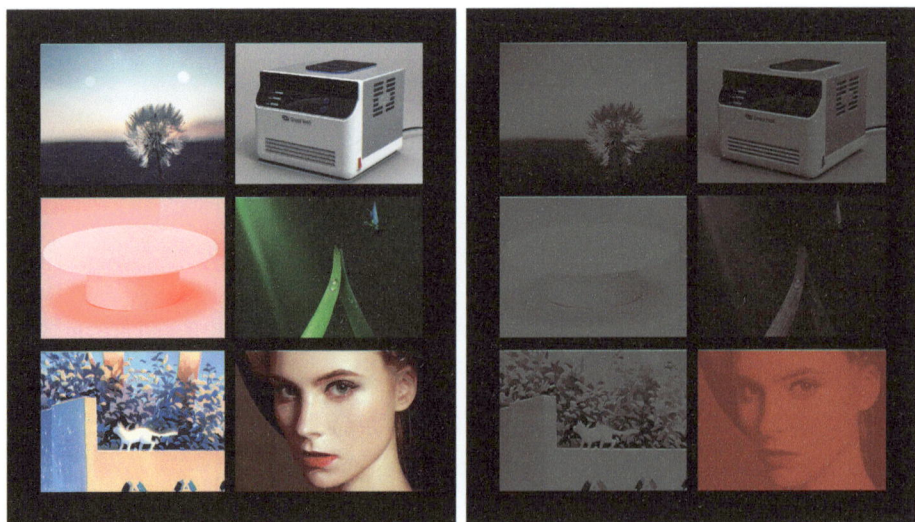

当画面中出现人脸时人脸就会成为视线的焦点。

因此，有人脸出现的图片能够迅速吸引人们的视线，尤其是图片中的眼睛，这是最容易让人注意到的地方。所以有人脸出现的海报通常比其他海报更能引人注目。

8. 视线引导

人们不仅会注意图片上人物的眼睛，而且会习惯性地看向图片中的人物眼睛所看的方向。

其实大多数人都有好奇心，因此在广告图片中，人物眼睛所看的方向就是顾客注意的方向，当然在这个方向上最好有重要的信息。如果没有合适的人物图片，在图片中使用箭头或手指等元素也能起到引导顾客视线的作用。

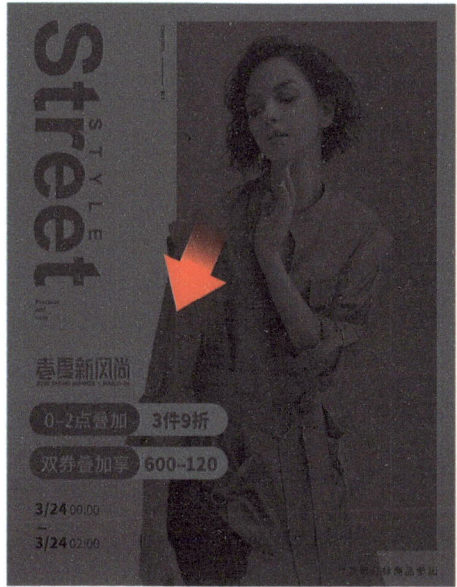

图片中模特的动作会引导顾客的视线。

9. 神秘感

用具有神秘感或者"模糊"的图片能引起顾客的好奇心，让顾客产生了解商品的欲望。例如，苹果公司的新门店开业前都会挂上巨幅海报，将标志半遮半掩；锤子手机的新品在发布之前会早早挂出"烟幕弹海报"，让人好奇即将发布的新品究竟是怎样的。

次世代旗舰手机
坚果 R1 即将登场
515 鸟巢见

京东 & 锤子科技官方商城 0 元预约中

锤子科技 2018 鸟巢新品发布会
2018.05.15 19:30 I 欢迎到 ▇▇ 观看现场直播

如蝉翼
2015小米旗舰新品发布会

明天见
2015小米旗舰新品发布会

NOT5

人们总想窥探自己得不
到的信息，神秘的图片会
让人产生好奇心。

10. 把文字放进"引号"里

《吸金广告》一书提到，引号能在视觉上对引号内的文字进行强调，相较于正常的文字排列，把文字放在引号内，会达到一种突出强调的效果，这会让阅读的人数增加25%。

引号在视觉上有强调的作用，将重要的信息用引号标明能引起顾客的注意。

11. 不要忘记加入按钮

按钮能强化"点击"行为，大多数人一看到按钮就会下意识地进行点击。还有一个重要的原因就是"物体会提示人如何使用"。例如，看到门把手时，大多数人会本能地抓住并且旋转它，按钮也具有这种功能性。

因此，不要忘记在广告中加入明显的按钮。

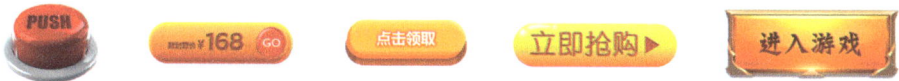

按钮会向顾客提示它的功能，并引导顾客点击图片。

"

'点击'只是电商设计的开端，顾客在了解商
品后是否立即购买才是决定设计是否有效的关
键。而从'点击'到'立即购买'的过程就像是
一条索道，要使顾客顺利地滑向'立即购买'，
商家则需要用力地推顾客一把。

"

第
3
章

让顾客立即购买的方法

想让顾客点击"立刻购买"按钮，需要做到以下 3 个方面。

首先，需要精心设计购买链接，让顾客的购物过程更顺畅。需要注意的是"广告图片链接的承接页"，很多商家用广告图片链接承接页的逻辑是错误的。例如，广告图片通过展示一件很酷的夹克吸引顾客，但其链接的是店铺首页，更糟糕的是顾客在店铺首页根本找不到这件夹克。

用广告图片链接承接页时要做到"所见即所得"，即广告图片中的商品或利益点必须在承接页中占据显著位置，否则极易导致顾客跳失。

其次，需要确定说服策略。例如，顾客在购买比较便宜的商品时，一般都会采用满意即可的策略；而在购买一些价格较高、购买频次较低的商品时，顾客会深入思考、权衡利弊，得出一个比较理性的最优方案后，才会做出购买决定。因此，针对不同价格和不同用途的商品，商家要采用不同的说服策略。

最后，一方面商品介绍页要增强顾客的代入感，让顾客在了解商品的过程中产生获得感，这也是促使顾客购买商品的根本原因；另一方面商家要让顾客在了解商品的过程中对商品或店铺产生信任感，并且要给顾客营造"立即购买"的紧迫感。

3.1 影响购买决策的因素：代入感

3.1.1 代入感就是让顾客产生情感共鸣

代入感就是通过场景展示、问题描述、卖点介绍，再搭配正确的设计风格引发顾客的情感共鸣，让顾客对描述的问题产生一种"感同身受"的感觉，并且对商品产生强烈的需求感。

例如，介绍一款剃须刀时，聪明的介绍方式不只是单纯地介绍剃须刀采用了哪种设计、刀头是什么材质的、用的是什么电池等，而是在介绍这些特点的基础上描述顾客使用同类产品时可能遇到的一些问题，如刀头不好清洁、容易滋生细菌、电池不耐用、不方便携带等。这些问题会让顾客产生情感共鸣，也就是戳到了顾客的"痛点"，当产生情感共鸣后，顾客就会对商品产生强烈的需求感。

让顾客产生代入感的方法是描述顾客可能遇到的问题，并给出满意的解决方案，从而让顾客对商品产生需求感。

通过问题描述和场景再现引发顾客的情感共鸣，让顾客"感同身受"。

前面已经讲过，人有基本生理需求，即对食物和水的需求；5种心理向往，即对美的向往、对舒适便捷的向往、对自由的向往、对精神世界的向往、对身份认同感的向往；5种危机感信号，即对健康的威胁、对安全的威胁、家人所面临的威胁、稀缺资源带来的危机感、时间的紧迫感。

这些都能让顾客产生情感共鸣，也是让顾客产生代入感的关键因素。

3.1.2　6 种增加顾客代入感的方法

1. 增加与顾客的共性

　　吸引力法则的第一条是让顾客产生"与我相关"的感受，而让顾客产生代入感的前提同样也是让顾客感受到"与我相关"。几乎所有人都只关心自己能够得到什么，只会关注与自己有关的信息，比如看电影时发现主人公的遭遇与自己的经历特别相似，人们就会产生强烈的代入感，与电影中的人物建立关联，自己也会融入故事。

　　因此，介绍商品的场景应该尽量符合顾客的特点，比如顾客的性别、收入水平、生活品质、职业、生活习惯及其面临的问题等。经验丰富的设计师在拍摄场景图片前会对顾客群体进行充分调研，尽量体现顾客真实的状态及其所处的场景。商品介绍如果高度符合潜在顾客群体的特点和使用场景的特点，就能够与顾客产生情感共鸣，让顾客对商品产生亲切感和信赖感。

　　例如，潜在顾客群体以学生为主，那么商品介绍中用到的场景、道具、服装就都要根据学生的特点准备，这样才能让学生认为"这正是为我设计的商品"。

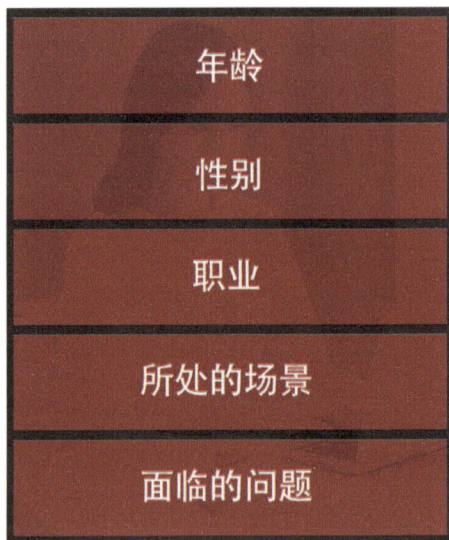

商品介绍要体现实际顾客的年龄、性别、职业特点，及其所处的使用场景和面临的问题。

2. 把顾客当作"朋友"

　　向顾客介绍商品时不应该只简单地罗列参数和介绍一些基础的功能，而是要把顾客当作朋友，像和朋友对话一样多用"你""我"等人称代词，在商品介绍中营造温暖、和谐的氛围，这样就可以与顾客进行心灵上的互动，让顾客深入了解商品。这种有效的交流技巧不仅不易被察觉，还能不知不觉地让顾客产生代入感。

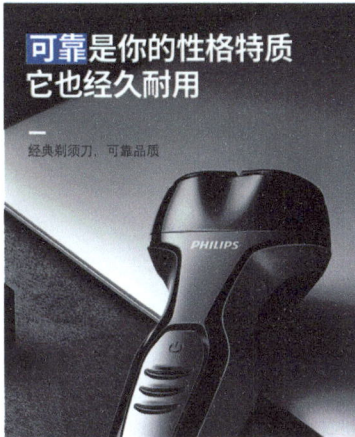

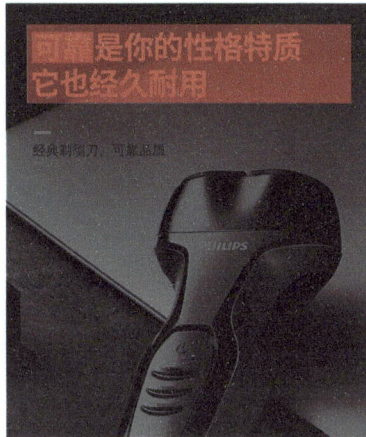

像和朋友对话一样介绍商品，让顾客深入了解商品。

3. 采用提问的方式

采用提问的方式能让顾客产生疑惑，刺激顾客想要知道答案的欲望，就像诱饵一样吸引顾客的注意力，从而让顾客继续阅读广告内容。

提问的方式会让顾客下意识地思考这条信息，并且主动了解这条信息，思考的时间越来越长，顾客就越有可能记住它。因此，可以利用自问自答的形式展开商品介绍，简要地提出一些顾客所面临的问题，然后进行回答，这样能抓住顾客的注意力，加快顾客浏览广告的速度。需要注意的是，答案必须简单明了，否则会消耗顾客的耐心与注意力。

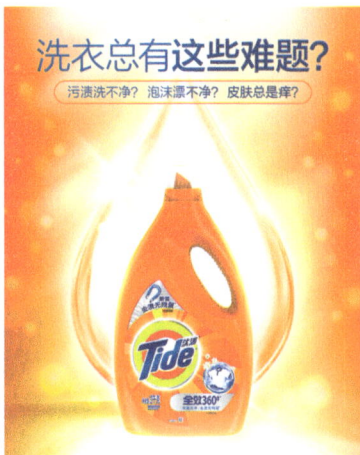

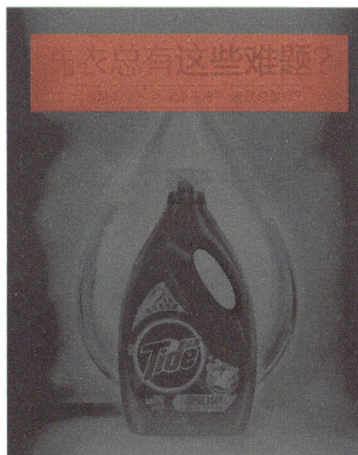

提问的方式会让顾客下意识地思考并了解信息。

4. 具象的描写可使顾客产生真实感

设计师应当用具象的、有感染力的词语介绍商品，而不是用抽象的词语和简单的参数说明来介绍商品，具象的描写能够让顾客对商品产生更加真实、更加具体的印象。

例如，"好喝的纯净水"显然不如"如冰川般甘甜的纯净水"更能让顾客获得真实感。在阅读"如冰川般甘甜"时，顾客会本能地调动自己对"冰川"或"甘甜"的记忆，并且将这些令人愉悦的记忆与商品进行情感上的关联，从而产生更加真实的感受。

具象的描写能够使顾客产生真实感。

5. 字体与顾客情感的关联

文字除了有"信息载体"的功能以外，不同风格的字体也能给顾客带来不同的感觉。例如，粗壮的字体给人健壮有力的感觉，而纤细的字体则会给人柔美的感觉。

正确使用字体能强化商品的属性，让顾客产生更强的代入感。女性美妆类商品的广告用比较纤细的字体更能传递出商品本身"女性化"的情感，也更能迎合女性消费群体的喜好；母婴类商品的广告则多用手写字体和卡通字体，以表现亲和力和可爱感，因为圆润的笔画会让人感觉安心、感到亲近，同时也能让潜在顾客产生情感共鸣。

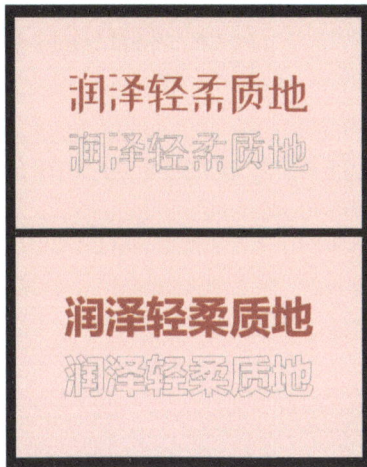

柔美的衬线体
可以传递出
"女性化"的
情感。

6. 色彩与顾客情感的关联

除了不同风格的字体，不同的颜色也可以传递不同的情感。深色能让顾客把商品与高级感联系在一起，认为这是高质量的商品；红色的视觉形象则更容易让顾客产生兴奋的感受；蓝色和绿色通常给人冷静、安心、可靠的感觉。

色彩之所以能够对情感产生影响，一方面是因为不同波长的色光会通过眼睛刺激大脑，使人本能地产生相应的反应，比如长时间看浓烈的红色会让精神紧张；另一方面是因为人们受文化和生活经验的影响，对色彩产生了固有的印象，比如太阳和火苗会让人感到温暖，雪花和寒冰会让人感到寒冷，久而久之，人们看到暖色就会联想到温暖，看到冷色就会联想到寒冷。合理的色彩搭配能够充分调动顾客对色彩的记忆，从而使之产生情感上的关联。

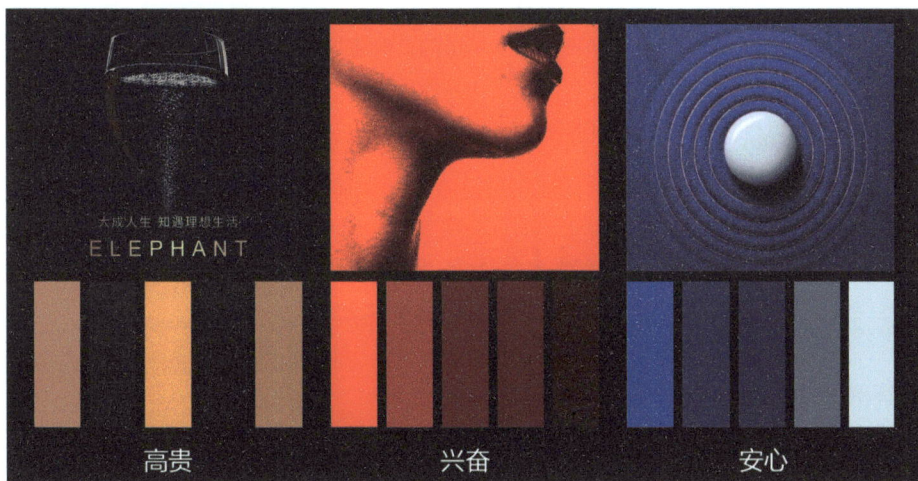

不同的颜色会使人产生不同的情感关联。

3.2 影响购买决策的因素：获得感

3.2.1 产生获得感是顾客购买商品的根本理由

顾客做出购买决策的原因其实是商品信息让其在购买前就产生了直接的"获得感"。让顾客产生获得感就是描述"商品带来的好处"，让顾客想象商品给自己带来的改善，并置身于良好的体验中，这样才能够促使顾客做出购买决策。

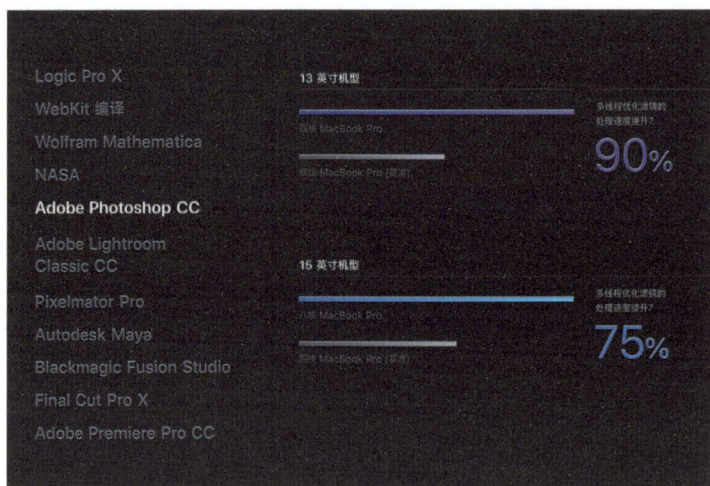

直观地对比让顾客产生了使用商品时的获得感。

顾客一般只关心自己会得到什么，因此商家需要营造获得感来说服顾客。例如，顾客在购买香水时，会发现在香水广告中并不只是呈现商品本身，还会呈现使用香水后模特所具有的魅力。使用香水后的场景虽然是商家刻意拍摄的，但还是会让顾客产生一种获得感，感觉使用这款香水后自己就能拥有与广告中的模特一样的魅力。而促使顾客做出购买决策的就是使用香水后的获得感，而不是一瓶香水。

让顾客在购买商品前就产生获得感，可以促使顾客做出购买决策。

3.2.2 3种让顾客产生获得感的方法

1. 明确顾客能得到的好处

在顾客的点击动机中非常重要的一点就是让顾客认为广告"与我相关"，并且让顾客知道自己购买商品后能得到的好处。而在购买过程中，这一点也同样重要。

获得感的产生基于顾客能感受到"商品带来的好处"。例如,在挑选计算机时,处理器的型号、内存的规格等参数并不能让顾客明确感受到计算机带来的好处。因此,要把广告重点放在参数实际带来的好处上,比如某款软件的打开速度提高了150%,这种改变才是顾客能够感受到的好处,从而使其产生获得感。

商品给顾客带来的好处并不是商品的特点,而是特点带给顾客的效果。

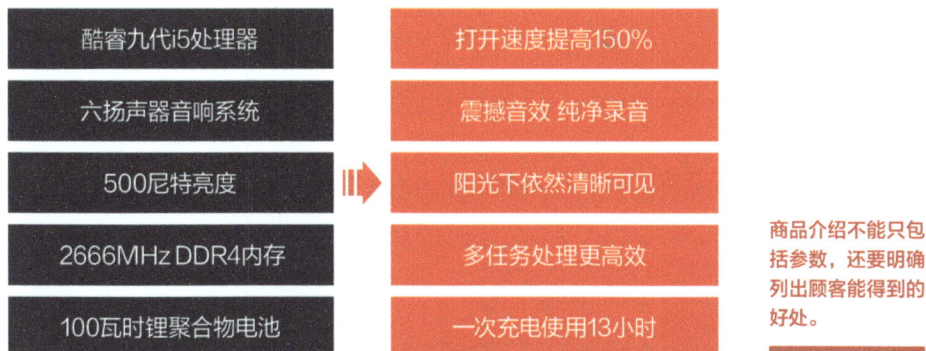

酷睿九代i5处理器	打开速度提高150%
六扬声器音响系统	震撼音效 纯净录音
500尼特亮度	阳光下依然清晰可见
2666MHz DDR4内存	多任务处理更高效
100瓦时锂聚合物电池	一次充电使用13小时

商品介绍不能只包括参数,还要明确列出顾客能得到的好处。

2. 呈现最佳使用场景

向顾客呈现最佳使用场景能够让顾客产生获得感,简单来说,就是"让顾客看到自己能够得到的好处"。

例如,顾客希望能和家人在周末一起享受悠闲的户外时光,但在出行之前需要购买一些户外野营的装备。而在挑选装备的过程中,那些让人感觉幸福、惬意的画面,能够让顾客将其与幸福联系起来,从而在购买装备前就产生了获得感,这些装备也就能获得顾客的青睐。

呈现最佳使用场景相较于单纯介绍商品的特点更能让顾客产生代入感和获得感。

再如，顾客在挑选护肤品时，看到使用护肤品前粗糙暗淡的皮肤与使用护肤品后白皙滑嫩的皮肤的对比效果时，自己也会产生"使用后"的获得感，即使心里清楚不可能有这么好的效果，还是会出于"自欺欺人"的心理"掏腰包"；即使一次又一次地"上当"，还是乐此不疲。

因此，商家只要展示顾客想看到的美好形象，而无须提供证据，就能迎合他们的心理。

3. 刺激所有感官

除了用图片呈现最佳使用场景，广告还可以用具体、形象的描写刺激顾客的感官，调动其视觉、听觉、触觉、味觉、嗅觉，这样既能增加顾客的代入感，又能让顾客产生获得感。

例如，麦当劳和肯德基就非常热衷于使用这种技巧，它们的商品介绍从来不只是单纯地用图片告诉顾客"汉堡和炸鸡好吃"，而是通过具体和形象的文字描述，创造出清晰、活泼、令人印象深刻的视觉形象，让画面变得鲜活起来，从而让顾客产生获得感。

用具体和形象的文字描述来刺激顾客的感官，可使其产生获得感。

总之，强化"商品所带来的美好形象"，呈现最佳使用场景，用具体、形象的文字描述来刺激顾客的感官，从而让顾客感受到商品带来的好处，可促使其产生获得感。产生获得感是顾客购买商品的根本理由。

3.3 影响购买决策的因素：信任感

3.3.1 4 种建立心理信任感的方法

俗语"王婆卖瓜，自卖自夸"反映了交易过程中一直存在的问题：买卖双方缺乏信任感。顾客很清楚商家在试图说服自己，所以不会只听其一面之词。因此商家需要在顾客心中建立信任感。了解顾客的疑惑，并用相应的证据打消顾客的疑虑，再是通过视觉设计建立专业、可信赖的视觉形象。

1. 给出"真实而具体的证据"

商家要想证明自己的商品更好，就要给出"真实而具体的证据"，不能只给一个结论。例如，直接说我们的甜点更好吃是不行的，要通过商品介绍让顾客自己得出结论，这样才更有说服力。

需要注意的是，商家在介绍商品时不能贬低竞品，而是要告诉顾客商品究竟好在哪里，与竞品相比有哪些优势。这种对比会让顾客觉得商家不是在自吹自擂，而是在很中肯地在分析自己的优势，从而更加具有可信度。

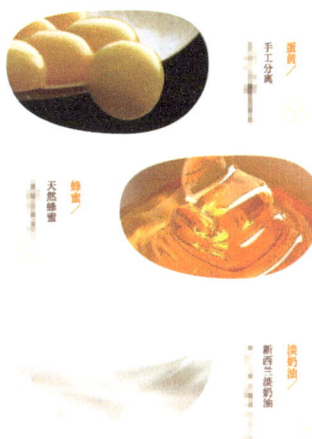

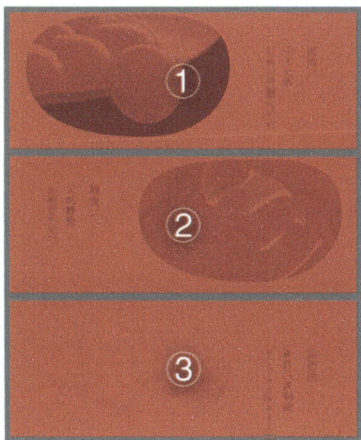

展示"真实而具体的证据"，才能得到顾客的认可。

2. 多数人的选择一般是正确的选择

20 世纪 50 年代，心理学家所罗门·阿什（Solomon Asch）通过实验得出：个体在群体中做决策时会受到群体中多数人的决策的影响。

根据该结论，很多商家都会用醒目的方式展示出"此商品已有××××人购买"，顾客会认为"那么多人都购买了这件商品，选它应该没错"。而且顾客在不确定的时候，大都会参考多数人的选择，从而把"销量"作为一个重要的选择因素。

人们通常会选择销量高的商品，而且商品销量越高越容易被选择。

与顾客特征高度相似的特定群体对顾客的影响更大。

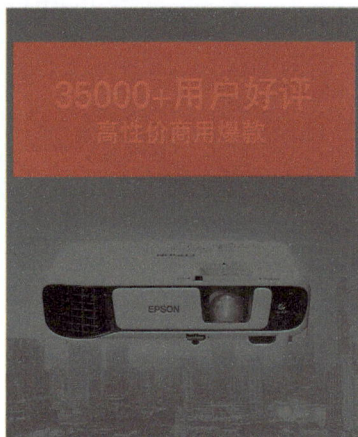

另外，顾客所崇拜的对象的选择对其影响也很大。例如，足球运动员选择的球鞋、马拉松比赛冠军选择的跑步鞋等，他们的选择会让顾客深信"既然他们都选择了，那么此选择肯定是最好的"。

在人人想法都差不多的地方，没人会想太多。

——沃尔特·李普曼（Walter Lippmann）

3. 让顾客信任的人来推荐

在信息泛滥的今天，人们身边的虚假信息越来越多，但家人和朋友的推荐依然是最受人们所相信的。因此有些品牌虽然没有进行大规模推广，但是凭借良好的口碑和买家的推荐也获得了不错的市场表现。

除了家人和朋友外，买家的评论也比较可信，很多顾客购物时都比较看重买家的评论。因此商家可以挑选一些具有代表性的买家评论放入商品介绍页，作为"有力证据"，但要注意评论应具有真实感。例如，加上买家的日常照片、年龄、职业等信息，再把评论的字体换成手写字体，可以让"证据"更加真实。

另外，行业内经验丰富的人士和评测机构的推荐，也会增加顾客的信任感。如果是"第三方"评价某个商品，这样商家就没有了"王婆卖瓜，自卖自夸"的嫌疑，"第三方"与顾客并没有利益往来，因此"第三方"的评价显得更加中立和客观，也更能增加顾客的信任感。

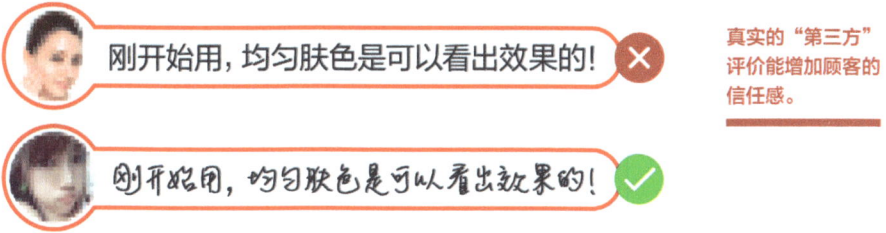

刚开始用，均匀肤色是可以看出效果的！ ✕

真实的"第三方"评价能增加顾客的信任感。

刚开始用，均匀肤色是可以看出效果的！ ✓

4. 提供一个"无法拒绝"的理由

如果上述方法依然无法打消潜在顾客的疑虑，那就给顾客提供一个"无法拒绝"的理由。例如，当别的商家都承诺"15天免费退换货"时，你可以向顾客保证"90天无理由退换货"或者"退回运费由卖家承担"，这些承诺会打消顾客的疑虑。此方法需要商家把退换货的规则制定好，比如商品不能损坏、不能影响再次销售等。

90 90天无理由退换货　　**免** 退回运费由卖家承担　　**3** 3年商品质量问题保修

给顾客提供一个"无法拒绝"的理由。

3.3.2 建立视觉信任感的方法

除了让顾客产生心理信任感外,商家还可以通过呈现"可信的视觉形象",建立视觉信任感。

首先,将商品卖点通过视觉设计更直观地呈现出来,给出"真实而具体的证据",可以让顾客快速获取信息,从而建立视觉信任感。常用的视觉设计形式有统计图形、信息图表、前后对比等,它们可以让商品卖点更清晰、更有效地传达给顾客。

例如,商品性能的提升只用数字表示,无法让顾客直观体验,这时用柱状图对性能提升前后的参数进行对比则会让顾客产生更强烈的情感反应;商品的技术原理若只用文字表述,也很难被理解,这时通过图片形式的表述能够让顾客了解得更清楚。"眼见为实"是人们的生活经验,当了解了商品背后的技术原理后,顾客也就对其产生了信任感。

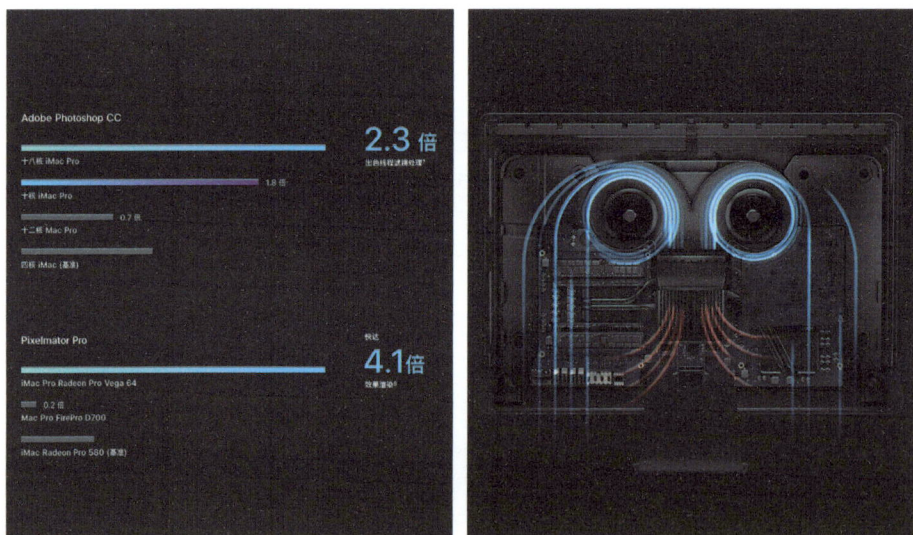

通过颜色搭配、页面布局呈现"严谨可信的视觉形象",可增加顾客的视觉信任感。

其次,通常情况下,让人感觉严谨可信的页面中颜色不宜过多,无彩色或者蓝色能够传递出理性的感觉,使页面看起来较为"官方",从而提高商品的可信度。如果颜色过多会让顾客感觉杂乱无章,这种负面的感觉会影响顾客对商品或品牌的信任感。页面布局同样需要符合"严谨理性"的调性,可利用网格系统规范画面中的文字元素、图片元素和装饰元素之间的位置关系,让画面的视觉效果更加稳定。

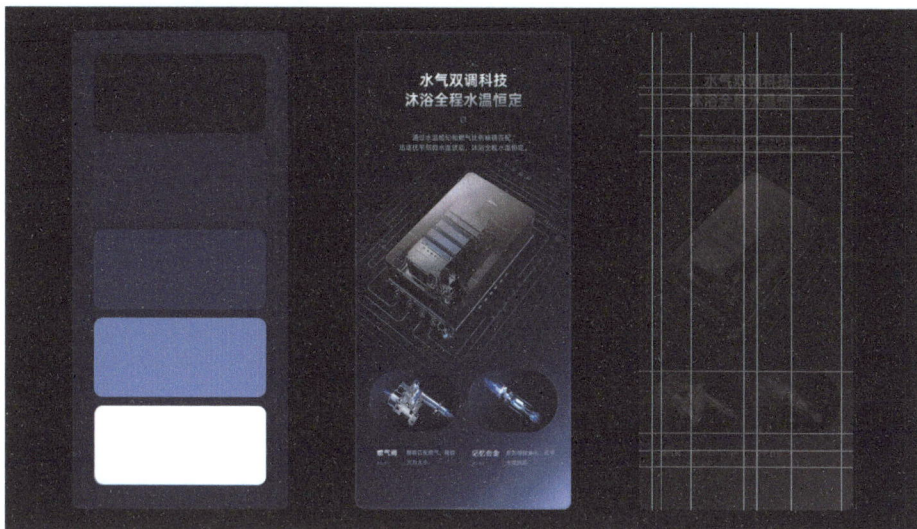

通过颜色搭配、页面布局呈现"严谨可信的视觉形象"，增加顾客的视觉信任感。

最后，要注意页面中字号之间的逻辑关系，没有逻辑的字号变化会让信息变得没有条理。例如，标题字号、正文字号、标注字号都要有统一的标准，不同层级的文字之间最好有固定的倍数关系。字号的变化虽然不容易被顾客察觉，但有逻辑的字号变化会给顾客一种"严谨"的视觉印象。

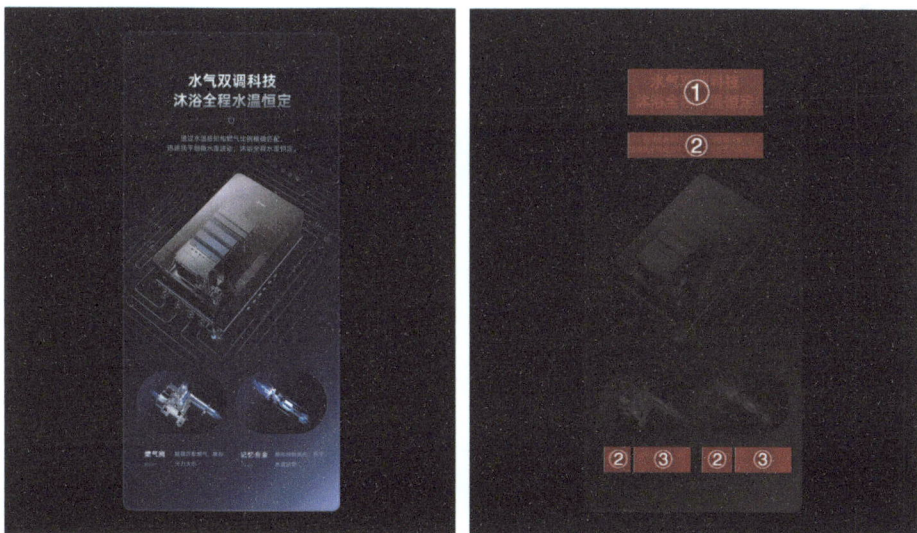

注意字号之间的逻辑关系，一般相邻层级的文字字号相差应大于 1.5 倍。

3.4 影响购买决策的因素：视频

3.4.1 视频对顾客的影响

研究表明，人类大脑处理可视化内容的速度比处理纯文字内容的速度要快 60000 多倍。相较于静态的图文介绍，视频更具立体性，其将声音、动作等融为一体，可以让顾客真切地感受到视频所传递的情绪。视频是一种更有效的表现形式。

1. 碎片化的生活场景适合通过短视频传播

研究表明，顾客更加乐于通过短视频了解商品。尤其是当下忙碌的生活使人们的时间越来越碎片化，而短视频则能够在各种碎片化的生活场景中发挥作用。例如，在地铁上、公交车上等，这些场景更适合用短小精悍的视频来传递商品信息。因为短视频占用顾客的注意力较少，同时信息传播率也较高，所以其打开率和传达率都比图文形式要高，因此短视频是在碎片化的生活场景中传递信息的最佳选择。

> 视频是大脑更喜欢的语言：1 分钟视频所传递的信息相当于 180 万个文字所传递的信息。
>
> ——詹姆斯·麦奎维（James McQuivey）

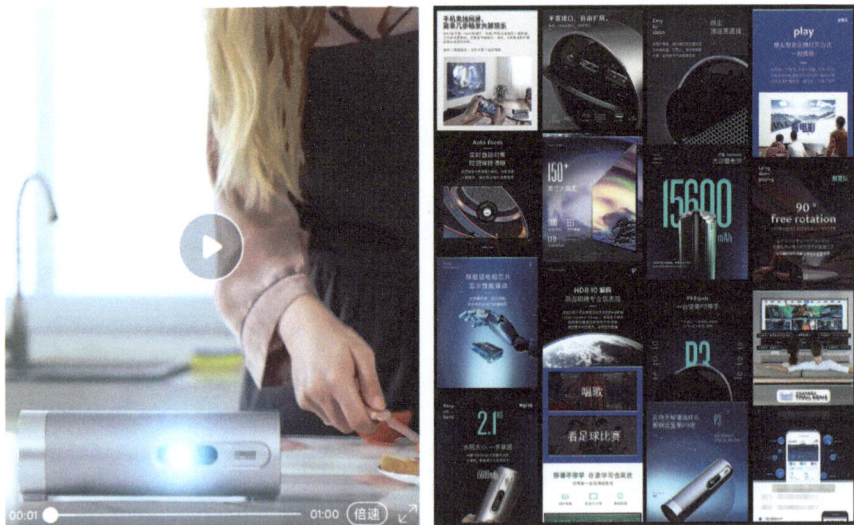

短视频的信息传播率比文字介绍页面高。

2. 视频展示更具真实性

视频能够更生动、更直观地展示商品的功能和使用效果。基于短视频传递信息的真实性和便捷性，优秀的主图视频能大大提升商品的转化率。以破壁机为例，顾客关心的无非是破壁机的破碎效果及其操作方法等，由于传统的图文形式受制于静态展示，无法直观展示商品的特点，因此商品的图文介绍对顾客来说缺乏说服力，而视频则能够通过真实的测试场景和操作演示来展示商品，消除顾客的疑虑，从而使顾客购买商品的概率大大增加。

如果要展示空气净化器的过滤效果，只有图片会让顾客感觉缺乏真实性，顾客可能会认为图片是后期处理过的。而在真实场景中拍摄的视频，可以让顾客有一种"眼见为实的感觉"，打消顾客的疑虑，增加顾客对产品的信任感。因此，一段优秀的主图视频能在引导顾客购买商品的过程中起到事半功倍的作用。

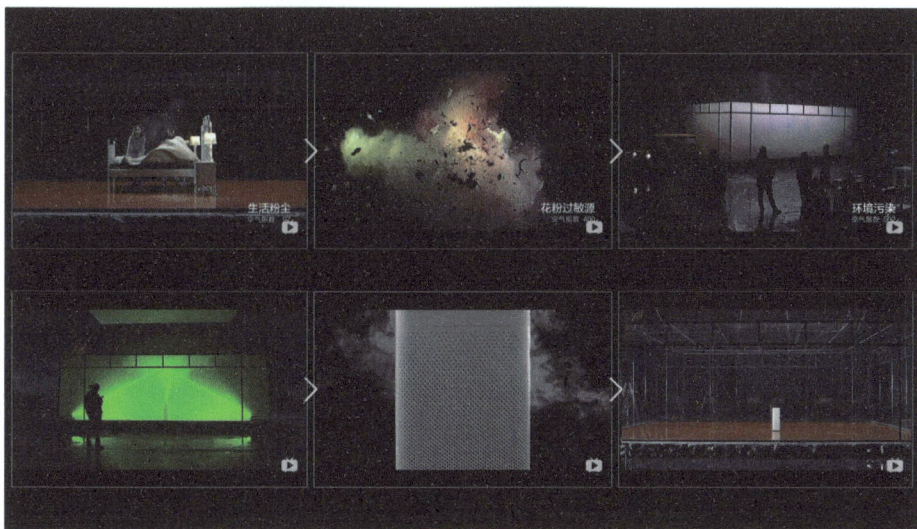

视频展示相较于图文形式更加真实、更加直观，能增加顾客的信任感。

3.4.2　主图视频的内容规划

1. 用视频营造群体感

新品或小众商品会因没有足够的销量，导致顾客在购买时有一种被当作"小白鼠"的感觉，因为几乎所有的顾客都不愿意做"第一个吃螃蟹"的人。因此新品的"破冰"不仅是为了销售，还是一个积累顾客信任感的过程。对于这种情况，商家可以用视频的形式介绍商品，给顾客营造一种群体感，解决"没有人买"这种想法所带来的低信任度问题。

视频的群体感可以通过展示具有代表性的买家来营造。选择的买家应该与顾客的性别一致、年龄相似、遇到的问题相同，这样就能让顾客产生一种"不只我在使用"的群体感。群体感的作用原理与代入感相似。

因此，商家在拍摄主图视频前需要了解潜在顾客群体的特点，将视频中的买家设定为潜在顾客群体中的典型，拍摄场景、使用的道具也要根据潜在顾客群体的特点而定。越符合顾客的特点，视频带给顾客的代入感也就越强。

视频内容要体现潜在顾客群体的特点和商品的真实使用场景，以增加顾客的代入感。

年龄性别

穿衣风格

使用场景

职业特点

功能需求

2. 解答顾客最关心的问题

主图视频一定要把顾客最关心的、图片表达不清的信息，以及商品最重要的卖点展示出来。

以吸尘器为例，商家在拍摄主图视频前需要先做商品卖点分析，把商品的卖点和顾客最关心的问题归纳整理出来，找到图片无法展示的卖点和顾客最关心的卖点；然后对这些卖点进行重要程度排序，将顾客最关心的卖点通过一个简短的视频介绍清楚。

对信息进行重要程度排序，优先解答顾客最关心的问题。

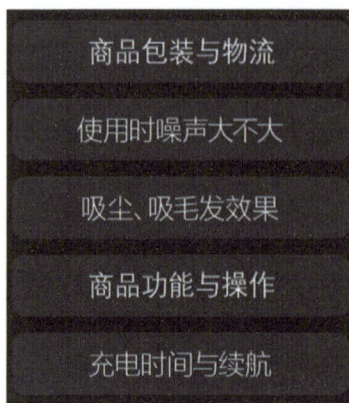

商品包装与物流	吸尘、吸毛发效果
使用时噪声大不大	使用时的噪声大小
吸尘、吸毛发效果	产品功能与操作
商品功能与操作	充电时间与续航
充电时间与续航	商品包装与物流

3. 呈现最佳使用效果

前面提到"产生获得感是顾客购买商品的根本理由",而这个原则同样适用于主图视频。优秀的主图视频会通过展示最佳使用效果,让顾客产生获得感并增加对商品的向往感。

例如,在 GoPro 运动相机的广告视频中,展示各种使用 GoPro 拍摄的滑雪、旅行、赛车、冲浪等场景,可以让顾客对 GoPro 产生向往。

因此,在主图视频中除了展示商品的卖点外,还要将商品的好处、最佳使用效果呈现出来,这样会大大增强顾客的购买欲望。

在视频中呈现商品的最佳使用效果,可以激发顾客对商品的向往。

3.5　影响购买决策的因素:紧迫感

3.5.1　要么不买,要么立即买

在电商平台购物只会出现两种情况:要么不买,要么立即买。以后再买就意味着不买,因为短期记忆是有限的。例如,很多购物类 App 都有"收藏""加入购物车"等功能,大多数顾客将商品收藏或加入购物车后就再也没有打开过,甚至直到链接失效也没想起来。

"购物车"内的商品经常被顾客遗忘，甚至到失效也没被顾客想起。

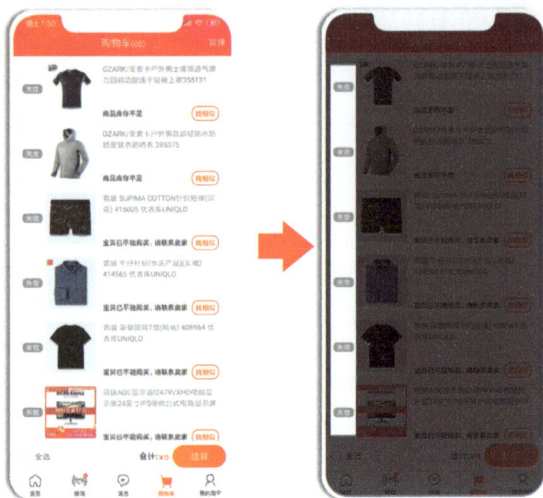

如果商品打动了顾客，却没有给顾客一个"立即购买"的理由，那么之前所做的工作将毫无意义。因此，商家需要通过营造紧迫感让顾客认为"现在不买，下次就没货了"！

3.5.2 4 种让顾客产生紧迫感的方法

1. 通过时间营造紧迫感

团购页面为什么会有倒计时，而且倒计时还要精确到秒？其实这是设计师在有意通过时间的快速流逝不断刺激顾客，营造出时间紧迫感，而时间紧迫感也是一种危机感，从而会促使顾客产生购买商品的冲动，达到使顾客"立即购买"的目的。

时间紧迫感会促使顾客"立即购买"。

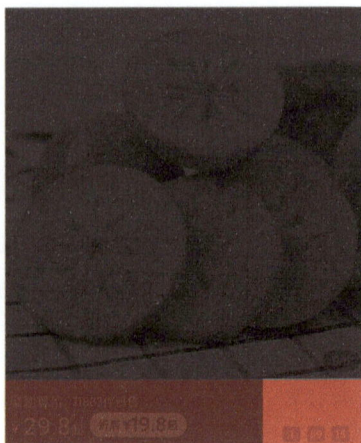

"错过今天，再等一年"是顾客对"双十一"的总结。其实这种紧迫感的背后是顾客对"失去"的恐惧，相比于得到，人们更害怕失去。例如，一件衣服打折出售，但活动时间仅限当时，如果当时不购买，顾客将失去低价购买的机会，出于对"失去"的恐惧，顾客会选择"立即购买"。

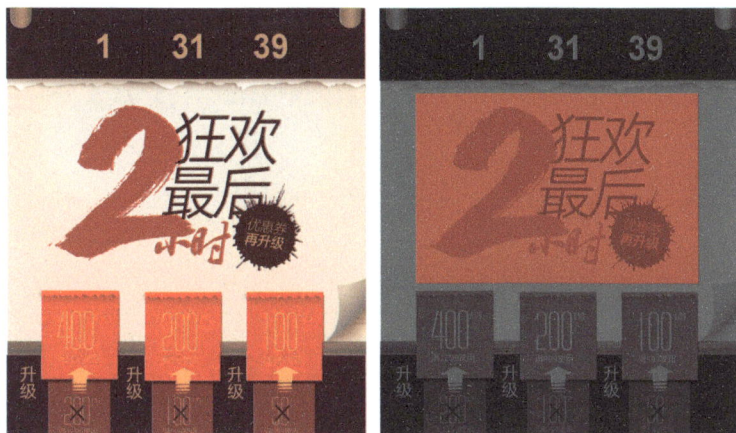

2. 通过稀缺性营造紧迫感

　　人们总是想得到自己很难得到的商品，商品越少，对于顾客来说也就越重要。当得到该商品后，顾客心里的价值已不再是其本身的价值了，顾客享受的更多是一种愉悦感与占有感。这种对稀缺商品的需求感其实源于顾客的"逆反心理"，即越得不到就越想得到。例如，限量款的鞋子等，"限量"行为让商品显得供不应求，能立刻激起顾客抢购的兴趣。对于售完的商品，可以用"已售罄"的标签，暗示顾客该商品很受欢迎，让顾客更想拥有。

　　人对稀缺商品带来的危机感会产生强烈反应，特别是在抢购的时候。

明日20：00再次开售

3. 通过词语营造紧迫感

使用"立刻""马上"等词语进行宣传，同样会让顾客产生紧迫感。在这种紧迫感下，顾客思考的时间会缩短，比较犹豫的顾客也不会考虑太多。

可以使用"立刻""马上"等词语营造紧迫感。

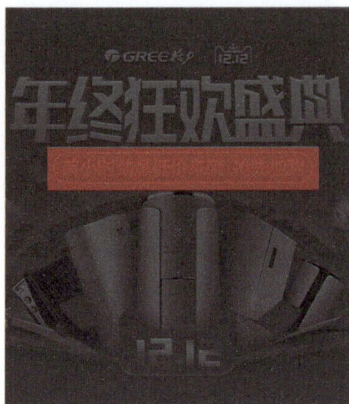

4. 通过视觉营造紧迫感

红色比较容易吸引顾客的注意力，也会让顾客产生兴奋感，并且红色象征着喜庆、热闹，会让顾客认为当前的商品正在进行优惠力度很大的促销，从而在视觉上强化促销氛围，让顾客产生紧迫感。

除了可以用颜色营造紧迫感外，商家还可以通过字体表现信息的重要性，比如较粗的字体会给人一种信息比较重要的感觉。将页面中的活动信息用比较粗的字体展示，同样能够强化促销的氛围。此外，商家还可以利用价格变化曲线等视觉元素刺激顾客，以增加视觉上的紧迫感。

通过颜色和字体强化活动氛围，再配合直观的价格变化曲线可促使顾客"立即购买"。

3.6　影响购买决策的因素：便捷性

3.6.1　"小阻碍"会让顾客放弃购买

可能是生活节奏加快的原因，人们越来越怕麻烦。例如，不想花时间去商场购物而选择网络购物，虽然网络购物已经很便捷了，但顾客还是会嫌网络购物的流程烦琐，尤其是在购买一些价格较低的商品时，这种心理尤为明显。

顾客最理想的购物流程通常是：打开购物类 App →搜索商品→选择商品→购买商品。顾客希望在整个购物流程中没有任何停顿，用最短的时间完成购物。

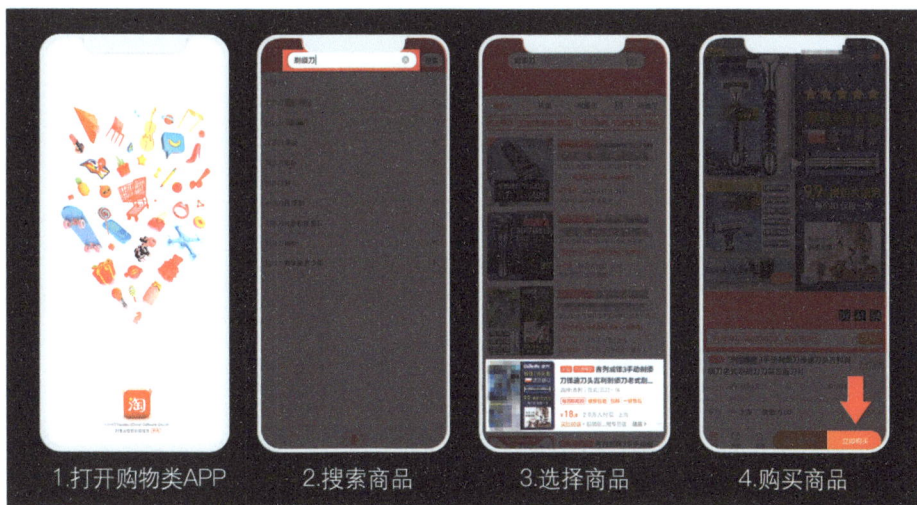

1.打开购物类APP　　2.搜索商品　　3.选择商品　　4.购买商品

顾客希望购物流程简单、便捷。

但是在购物流程中总会存在一些"小阻碍"，这些"小阻碍"就是商家错误的设计，比如在一个商品链接中放入多个相似商品，商家认为这样能满足所有顾客的需求，但大多数顾客看到这么多商品时往往会产生一种"选择恐惧症"，最终可能会放弃购买。

即使是很小的"阻碍"也有可能让顾客放弃购买。

过多的商品反而会让顾客难以选择。

3.6.2 3种打造便捷购物的方法

1. 减少视觉"噪声"

嘈杂的环境会打断人的思绪，使人烦躁不安，而视觉上的"噪声"同样会干扰顾客。例如，没有条理的、内容拥挤的、没有秩序感的页面，容易让眼睛和大脑疲劳，因此顾客基本会选择关闭这种页面。

在商品介绍页中，要让顾客轻松获取信息，就需要把视觉干扰度降到最低，比如减少颜色的种类、使信息层级更清晰、删除无关的元素等。

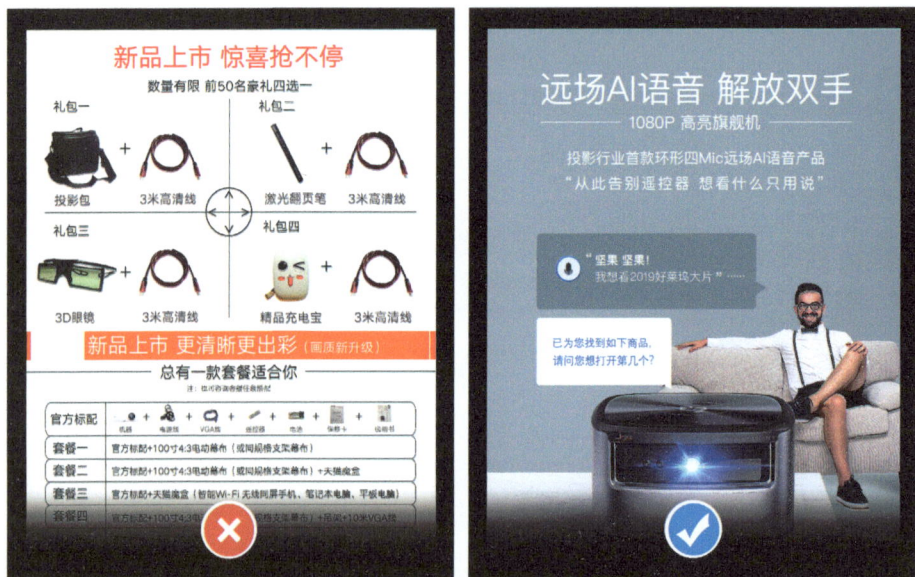

减少视觉"噪声"，让顾客高效、便捷地了解信息。

2. 提前解决顾客的疑虑

顾客在付款前会因为什么犹豫？是快递类型、送货时间、能否提供免费安装服务，还是售后服务质量？要让顾客顺利地付款，就需要提前解决顾客的疑虑。

例如，在购买一些大型电器时，顾客通常会考虑"快递能送货上门吗""卖家能提供安装服务吗"，如果这些问题得不到解决，顾客就不会安心购买，因此商家应在商品介绍中提前回答这些问题，这样才能让顾客的购物过程更加顺畅。

可通过商品的主图传递一些信息，以提前解决顾客的疑虑。

3. 给出简单的选择范围

　　选择过多会扰乱顾客的思考过程，让顾客放弃选择。为了解决这一问题，商家精简商品数量，把无关的、顾客很少选择的选项删掉，从而降低选择难度。如果确实不能删掉，可以在每件商品的标题后面加上选择建议，比如"店长推荐""新品推荐""人气商品"等，如果是服装，则可以在尺码后面加上身高和体重建议。总之，就是要让顾客在选择时能够快速找到合适的商品，让顾客在整个购物过程中尽量不用思考。

为顾客提供简单的选择范围，让顾客在选择过程中无须思考。

3.6.3　购买的最后一道障碍：付款

　　现在的年轻人越来越喜欢用分期付款这种消费方式，尤其在购买客单价比较高的商品时，这种灵活的付款方式更加受欢迎。

如果商品价格过高，阻碍了一大批潜在顾客购买商品，商家可以提供"分期免息""信用卡支付"等付款方式，这样会减轻顾客在付款时的"痛感"。

分期付款能够减轻顾客付款时的"痛感"，打破购买的最后一道障碍。

3.7　有效推荐让顾客一次性买更多商品

3.7.1　认识有效推荐

若向顾客推荐与其购买的商品密切相关的商品，顾客可能会购买更多商品。例如，顾客本来只想购买一款手机，但会因为担心手机摔坏而购买推荐的意外保障服务；又想到手机的使用场景，所以会购买与之相关的配套商品，如耳机、钢化膜等。

有效推荐会让顾客购买计划外的商品。

仔细想一下，这种"有效推荐"在生活中并不少见。例如，在淘宝 App 页面的下方有"猜你喜欢"模块，它会推荐顾客可能会感兴趣的商品；不少服装的详情页内也会出现与之相关的搭配推荐等。这些推荐其实都是为了让顾客一次性购买更多的商品，提升每位顾客对于店铺的价值。

商家如果能够给出正确的商品推荐，一般就能大幅提高顾客的购买连带率，让顾客一次性购买更多的商品，带来更加可观的销售额。但多数商家推荐的商品非但不是正确的，而且会起到相反的作用。例如，顾客想购买一台双开门冰箱，点击购买链接后却看到了 10 多款冰箱，其功能分别有"双变频""无霜风冷""净味保鲜"等，选择导致顾客犹豫不决，最终放弃购买。顾客不会因为卖家的推荐而同时购买两台或者更多的冰箱。

因此，商家不能盲目推荐商品，有效推荐才能起到促进销售的作用。

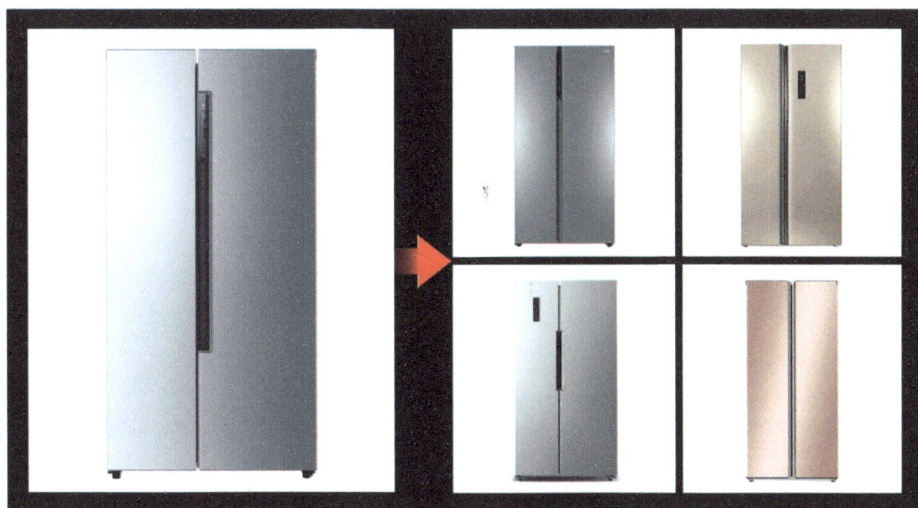

商品的推荐应该以顾客的需求为出发点，而不是单纯增加商品的曝光量。

3.7.2　有效推荐的注意事项

1. 找准推荐对象

如果没有可搭配的商品能推荐，那就试着推荐顾客为身边的家人和朋友购买，比如可以推荐顾客给爸爸购买剃须刀，同时别忘了给顾客一个"买两件能享受优惠"的理由，这样能增加顾客购买更多商品的概率。如果是生活用品，如电动牙刷，那就推荐顾客给自己的伴侣或者给好朋友购买。

除了将商品推荐给顾客，还可以推荐顾客给身边的家人和朋友购买商品。

2. 找准推荐的商品

向顾客推荐商品时要注意：尽量推荐关联性、协同性比较强的商品，而不要推荐高度相似的同类商品。

例如，顾客在购买运动相机时，能会考虑购买一个防水存储外壳，这样就可以在潜水时把美好的时光记录下来；也可能考虑多买一张存储卡以备不时之需；还可能会购买相机支架、稳定器、备用电池等。再比如顾客购买一件外套时如果看到模特穿的裤子和鞋子，可能就会一起购买。

向顾客推荐具有关联性、可协同使用的商品会提高成交率。

还有一种形式是凑单式推荐，这种推荐形式在开展促销活动时非常受欢迎，顾客会为了满足优惠条件而选择一些商品搭配购买。

3. 找准推荐时间

一开始就向顾客推荐很多商品的做法显得有点操之过急了，在顾客还没有下定决心要购买某件商品时就向顾客推荐其他与相关的商品，反而会影响顾客的选择。正确的方式应该是在商品介绍页的中部或尾部，确认顾客对这件商品确实有购买的意向了，再向顾客推荐与之搭配的商品，这样更符合顾客购物的逻辑。

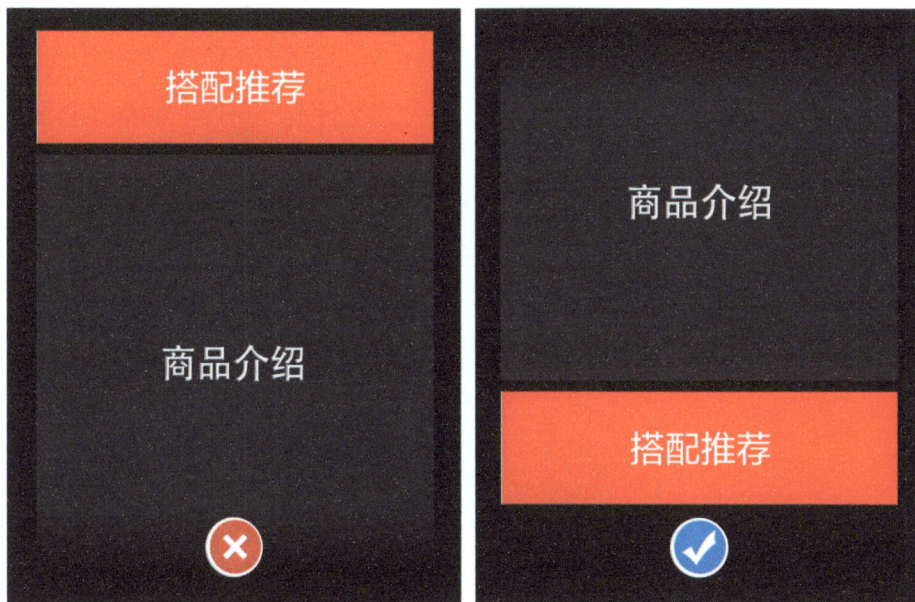

商品的推荐应该在确认顾客对主商品有兴趣之后再开展。

有效推荐的关键是找到顾客真正的需求。如果顾客对推荐的商品不买账，多数情况下不是顾客不想多买，而是搭配的效果无法吸引顾客。只有搭配到位，顾客才会认同！

"

在顾客心中建立品牌印象，就像在顾客的脑海
中创建一个'快捷方式'。

"

第 4 章

让顾客记住品牌的方法

本章导读

顾客与品牌之间的关系发展过程可以分为 4 个阶段。

第一阶段是让顾客成为品牌的"受众"。潜在顾客在购买商品前会通过品牌的广告、口碑、社会效应成为品牌的受众。受众在面临众多商品时通常会很茫然，因此商家需要用吸引力法则让受众产生"与我相关"的感受，引导受众将注意力集中在广告和商品上。

第二阶段是将"受众"转化为"购买者"。在这一阶段，商家需要优化影响顾客做出购买决策的因素，让商品信息打动顾客，并且让顾客愿意付款购买。

第三阶段是将"购买者"转化为"体验者"。顾客对商品的体验不是收到货以后才开始的，而是购买和使用的整个过程，即被广告吸引、了解商品介绍，到物流、收到商品的包装、商品的使用方法，再到售后服务都属于体验过程。体验过程会影响顾客对品牌的好感度。

第四阶段是将"体验者"转化为"复购者"。优秀的品牌形象能够让顾客通过一次购物记住品牌，成为"复购者"，甚至成为品牌的"推广者"，使其向身边的朋友推荐该品牌的商品。将顾客从"受众"转化为"复购者"是所有品牌追求的目标。

很多商家只把注意力放在了将顾客从"受众"转化为"购买者"的环节上，而没有花心思让顾客记住品牌，导致顾客再次购买时要重新认识品牌。

在顾客心中建立品牌印象，就像在顾客的脑海中创建一个"快捷方式"，顾客会通过"快捷方式"以最短的路径、最快的速度"打开"品牌。商家也只有在顾客的脑海中成功创建"快捷方式"，才有机会让顾客成为品牌的"复购者"。而"快捷方式"的创建过程其实就与交朋友的过程一样，商家需要告诉顾客你是谁、能够为他做什么，并优化自己的形象让顾客产生信任感，再配合有趣易记的描述和独有的特征让顾客记住你。

本章将围绕以上内容详细介绍如何让顾客记住品牌。

有效的品牌印象就像在顾客的脑海中创建的一个"快捷方式"。

4.1 找准品牌定位

4.1.1 定位就是占据

每天的信息量都在剧增，但大脑的信息容量并没有增大。而品牌定位就是要在顾客有限的记忆里占据一个位置，最终成为某个品类的代表。例如，一提到奶茶，大多数人都会想到香飘飘奶茶，也就是说，香飘飘奶茶在顾客的脑海中成了"奶茶"品类的代表。

> 品牌就是代表某个品类的名字，当消费者有相应需求时，立即想到这个名字，才算真正建立了品牌。
>
> ——《定位》

因此，定位的最终目的就是在顾客的心中占据一个领域，成为代表某个品类的名字，顾客有了相应的需求时，就会立刻想到这个名字。例如，提起凉茶人们立刻会想到加多宝，提起香皂人们可能立刻会想到舒肤佳，提起功能饮料人们可能立刻会想到红牛，提起漱口水人们可能立刻会想到李施德林等。这就是定位带来的神奇力量：成为顾客心中某个品类的代表。

有效的品牌定位能够让顾客立刻想到该品牌的名字。

1. 倒三角形品牌货架

每一位顾客心里都有很多倒三角形品牌货架，不同的品类对应不同的品牌货架，每个货架最上面的品牌占据的空间最大，也就是顾客购物时的首要选择。从货架上方越往下，空间越小，品牌被选择的可能性也就越小。品牌货架分为 7 层已经算比较多了，第七层之后的品牌基本就可以忽略不计了。

所有品牌都想占领货架最上面的位置，这样才有机会成为这个品类的代表。

2. 一个品牌占据一个品类

很多人都知道，海飞丝是洗发水、舒肤佳是香皂、佳洁士是牙膏、帮宝适是纸尿裤、汰渍是洗衣粉，那宝洁是什么呢？大多数人可能就不太清楚了，其实以上品牌都是宝洁公司旗下的。宝洁公司用不同品牌占据不同品类的做法非常聪明，但是也有很多商家总想用一个品牌告诉顾客"我什么都能做"，认为这样就能够只花一份广告费推广所有商品，结果是顾客什么都没记住。

因此，不要总想着用一个品牌占据多个品类，这样会削弱顾客对品牌的印象，让品牌定位变得模糊不清，还会让顾客认为品牌缺乏专业度。请记住：一个品牌应只占据一个品类。

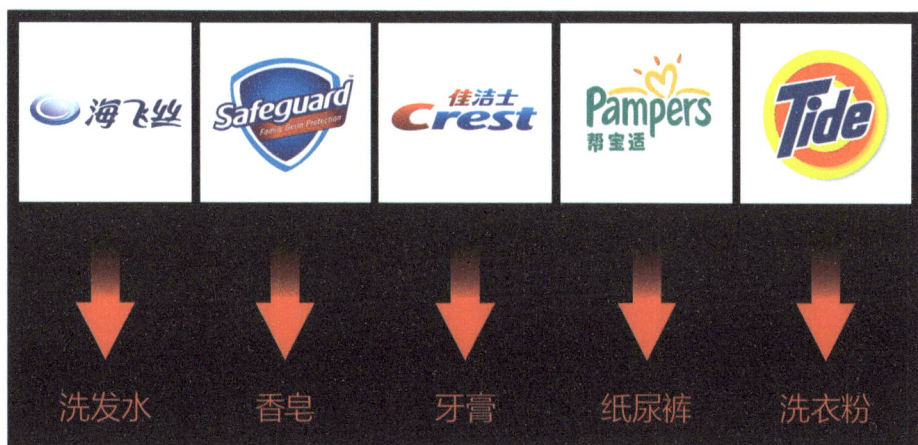

一个品牌应只占据一个品类，若占据过多的品类会削弱顾客对品牌的印象。

107

4.1.2 找到有效定位的方法

1. 找到品牌的独特性

品牌只有具有独特性才能被顾客记住，并且与其他品牌区分开。有时很难找到品牌的独特性，就要在大同中寻小异，找到自己的品牌与其他品牌的小差异，并且把这个差异放大，使其成为品牌的特点。例如，在护肤品领域，各个品牌的功效差异并不明显，而百雀羚"草本护肤"的特点使其一下与其他护肤品区分开了，从而让百雀羚的潜在顾客群体快速记住了这个品牌，并且在顾客心里建立了百雀羚"草本护肤"的新领域。

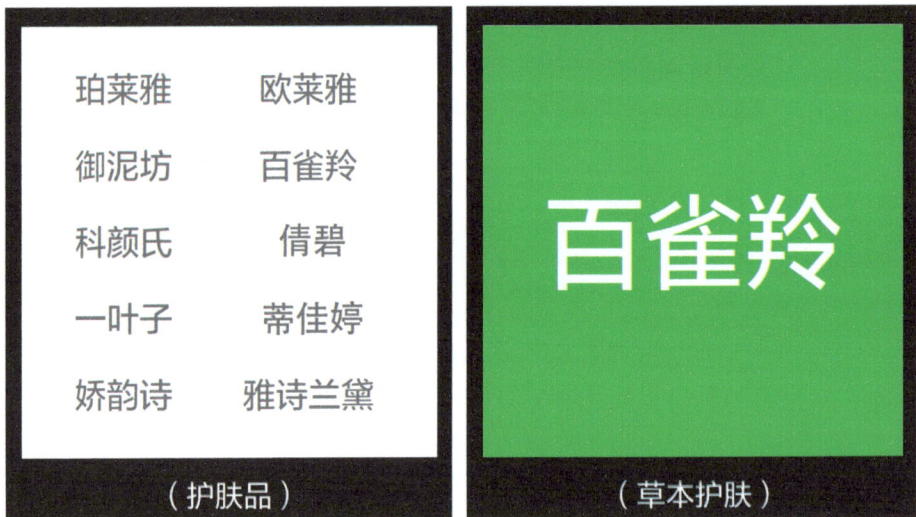

找到品牌的独特性并将其放大，在顾客心里建立一个新领域。

品牌的独特性可以是商品，也可以是服务。例如，当商家无法让人记住火锅的味道时，可以将无微不至的服务做成"招牌菜"，用服务让顾客牢牢地记住自己，就像海底捞一样。

独特性是使顾客喜欢品牌并且能够记住品牌的理由。

2. "第一"永远被人铭记

"第一"是可以被创造出来的，如果不能在某个品类中争得第一，那就开创一个品牌擅长的领域，并成为这个领域的第一。例如，在白酒行业知名度很高的品牌已经非常多了，在这种情况下一个新的白酒品牌要在短时间内被顾客记住的可能性很小。而江小白通过命名、包装、文案等一系列方式在顾客心中建立了一个新的领域"年轻人喝的白酒"，在这个"新领域"中那些传统知名品牌的优势荡然无存，而只有江小白这一个品牌占据着这个"新领域"，并成为位于品牌货架最上方的品牌。

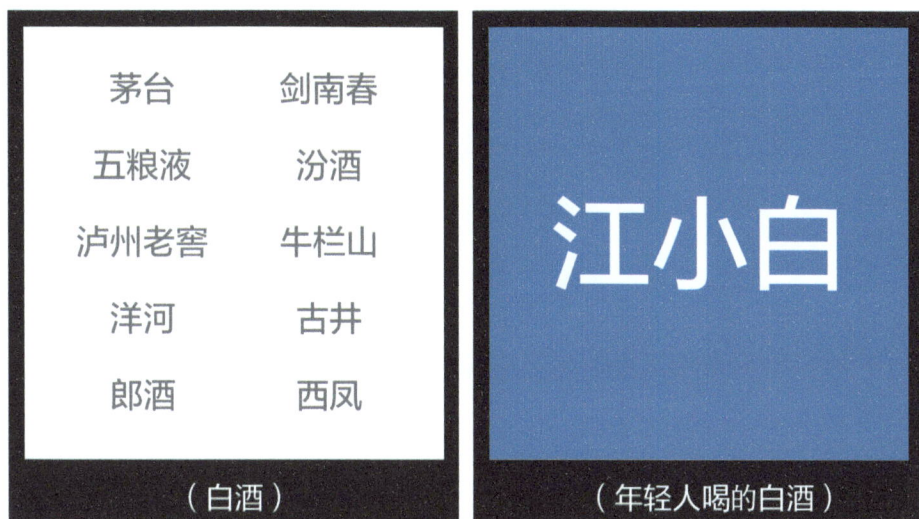

茅台	剑南春
五粮液	汾酒
泸州老窖	牛栏山
洋河	古井
郎酒	西凤
（白酒）	

江小白

（年轻人喝的白酒）

开创一个新领域，占据品牌货架最上方的位置。

4.2　建立品牌视觉形象

4.2.1　视觉形象对品牌的影响

1. 降低记忆成本

　　抽象的品牌描述很难让人们记住，同时也不利于传播。因此，品牌需要建立具体的、能够让人们看得见的视觉形象，才容易被人们记住。

　　品牌的英文单词"Brand"，原意为"烧灼"。以前人们用烧灼这种方式来标记家畜和物品，以及需要与他人区分开的私有财产。到了中世纪，欧洲的手工艺人用这种打烙印的方法，在自己的手工艺品上烙下标记，以便顾客识别商品的产地和生产者，这就是最初的商标。

　　品牌和商标是同时被顾客记住的，商标是品牌的视觉形象载体，就像人的长相、穿着和名字一样。

2. 强化品牌辨识度

　　品牌的视觉辨识符号不只是标志，还包括所有与品牌相关的视觉元素，如商品的外观设计、品牌的主色调、独特的商品包装等，这些元素都可以帮助品牌建立与众不同的视觉形象。例如，可口可乐的玻璃瓶瓶身就是它独特的视觉辨识符号，容易让顾客通过包装记住并喜欢它。即便是可口可乐换成易拉罐包装，上面仍然印着它。

　　品牌需要建立具有辨识度的视觉形象才更容易让人记住，这样能够降低品牌被发现和记住的成本，提高品牌传播效率。

品牌的视觉辨识符号不只是品牌标志，还包括所有与品牌相关的视觉元素。

4.2.2 视觉形象对顾客的影响

1. 视觉形象影响顾客心中的预期价格

当顾客面对一件陌生的商品时，顾客心中对于商品价格的预期大都取决于"第一印象"。这就好比人们会因对方的外貌而产生不同的心理印象，并以此来初步判断这个人是否值得信任。看起来和蔼可亲的人很容易取得别人的信任，而外貌给人印象不太好的人则比较难取得别人的信任。商品的视觉形象也是如此，精致的视觉形象会让顾客感觉"这件商品看起来很有品质感，价格应该很高"，而粗糙无序的视觉形象则给顾客一种"商品很廉价"的感觉。如果能够让商品在视觉上给顾客留下一个"高品质"的印象，同时再提供一个比顾客的心理预期价格稍低的价格，顾客就会认为商品超值，从而购买商品。

对商品的视觉印象是顾客自我定价的主要依据。

很多商家会利用顾客的这种心理特点升级商品的包装，以提高商品的价格。例如，加多宝凉茶在春节期间推出礼盒版，换上金色罐的包装，就会让顾客感觉这种包装比普通包装的价格高，顾客也愿意为这种方式买单。

不同的视觉形象会使顾客对相同商品设定不同的预期价格。

2. 视觉形象影响顾客对品牌的信赖感

整齐且特点鲜明的品牌视觉形象，相较于随意且没有特点的品牌视觉形象更能让人产生信赖感。这种信赖感源自品牌视觉形象的统一，就像标准统一的门店形象与杂乱无章的门店形象相比，会让人对商品的质量和品牌产生完全不同的印象和评价。网购过程同样如此，那些有统一的视觉形象标准的店铺会让顾客对商品的质量和服务产生信赖感，而杂乱的店铺视觉形象则会让顾客对品牌与商品质量有所怀疑。

顾客一般都是通过品牌的外在形象去判断其内在品质是否值得信赖的，这种方法简单有效，几乎没有人愿意像做实验一样从头到尾体验一遍所有品牌的商品才去判断不同品牌的品质，这样试错成本太高。因此，品牌的视觉形象会先于商品质量影响顾客对品牌的信赖感，优秀的视觉形象会让顾客愿意相信品牌、愿意尝试品牌的商品，从而使品牌获得更多顾客的青睐。

品牌的视觉形象会影响顾客对品牌与商品质量的信赖程度。

3. 视觉形象促进顾客产生情感认同

人们会根据视觉信息产生不同的情感反应，因此品牌的视觉形象要和顾客的心理诉求相匹配。

日本设计师原研哉（Kenya Hara）在为梅田医院做的导视识别系统中，全部用棉布呈现标识，向患者传递出一种柔和、亲切的情感，给人以心理上的安慰。这种充分考虑人们心理诉求的设计会拉近品牌与顾客之间的距离，在一定程度上消除顾客对品牌的不信任感。

设计品牌视觉形象时要考虑顾客群体的特点及其视觉上的偏好。例如，儿童用品的视觉形象就要避免使用尖锐的、带有棱角的视觉元素，应采用圆润的字体与柔和的色彩搭配，传递给顾客一种亲和力，拉近品牌与顾客之间的距离，促使顾客对品牌产生情感认同。

设计符合顾客心理诉求的视觉形象，能够有效促使顾客对品牌产生情感认同。

通过视觉形象迎合顾客的喜好，促使其产生情感认同。

4.2.3 建立品牌视觉辨识度

1. 品牌标志

品牌标志是建立品牌辨识度的基础，也是应用较为广泛的视觉形象载体。优秀的品牌标志有一个非常重要的特点，那就是具有"易记性"，如果品牌标志不能让人用最短的时间记住，那还不如直接写上品牌的名字。

具象的品牌标志对顾客来说更加容易记忆，因为具象的图形在顾客的大脑中有原型。例如，顾客看到类似眼睛的图形时很快就会将其记住，因为眼睛很常见，每出现一次就是一种暗示。而抽象的品牌标志则没有这些特点，因为抽象的图形增加了顾客理解品牌的难度，所以顾客的记忆成本也就更高。

此外，品牌标志应该是能够"自我解释"的，让顾客看到该标志就能领会其中的含义，这样更有利于品牌标志的记忆和传播。如果品牌标志被赋予过多的内涵，那么就无法让顾客快速理解其中的含义，也就失去了"易记性"的特点。

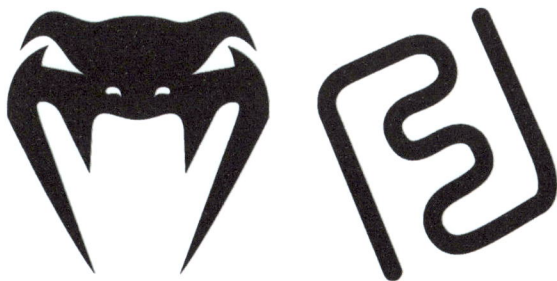

具象的图形比抽象的图形更加容易辨识和记住。

113

2. 颜色

颜色的差异有时会比品牌标志更加容易被察觉，在视觉元素中，颜色给人的视觉冲击力是非常强烈的。颜色使用的范围越大，其给人的视觉冲击力也就越直接、越强烈。例如，蓝色包装在众多的黄色与红色包装中很容易被识别出来。

再如，珠宝品牌蒂芙尼拥有极具辨识度的品牌色——"蒂芙尼蓝"，当把蒂芙尼的蓝色盒子和其他珠宝的白色盒子放在一起时，蓝色盒子会使人产生更强烈的情感反应。

颜色给人的视觉刺激较为显著，独特的品牌色能提高品牌的辨识度。

3. 商品外观

商品的外观同样能成为品牌的视觉差异点。

例如，大部分早餐谷物都是薄片形状的，而 Cheerios 品牌的早餐谷物却是圆环形状的，顾客可能不知道这个品牌的名称和标志，但很可能记住圆环形状的早餐谷物。

独特的外观能让顾客在每次使用时都加深对品牌的印象。

4. 图案

奢侈品品牌很喜欢用图案打造视觉差异点，如路易威登和博柏利的图案都具有很高的辨识度，甚至比它们的标志更让人着迷。

路易威登的经典图案比品牌标志更具辨识度。

5. 拍摄风格

电商时代就是图片的时代，独特的拍摄风格能够使商品从众多竞品中脱颖而出。例如，女装品牌初语在拍摄广告图片时会在模特的眼睛周围涂上一层浅浅的白色；茵曼拍摄广告图片时会让模特梳两条大辫子。这些精心策划的拍摄风格再配合重复的方式得以强化，使品牌具有了独特的个性，同时也赢得了一大批忠实的"粉丝"。

广告图片独特的拍摄风格使商品从众多竞品中脱颖而出。

任何一种视觉差异都可能成为品牌的视觉记忆点，它可以是品牌标志、颜色、商品外观、图案或拍摄风格，当然还有其他很多种形式。这些能够成为品牌视觉辨识符号的元素的共同点就是做出了差异化，只要坚持视觉上的差异化，品牌的视觉形象就会逐渐建立起来。

4.3 确定品牌口号

4.3.1 品牌口号的作用

在商业竞争中，品牌口号具有重要的作用。有效的品牌口号能够以简练的短句刻画品牌，把品牌的特点和优势等信息浓缩在一句口号中。这是一种非常高效的信息传播方式，让每一个听到品牌口号的顾客都能够立刻了解品牌的优势，并且对其印象深刻。如果说符号的作用是降低品牌被发现的成本，那么品牌口号的作用就是降低品牌被传播和被记住的成本。

品牌口号并不是文案，而是一种朗朗上口的口语化表达方式，文案的传播效率远远低于口语。

传播是一种口语现象。

——《超级符号就是超级创意》

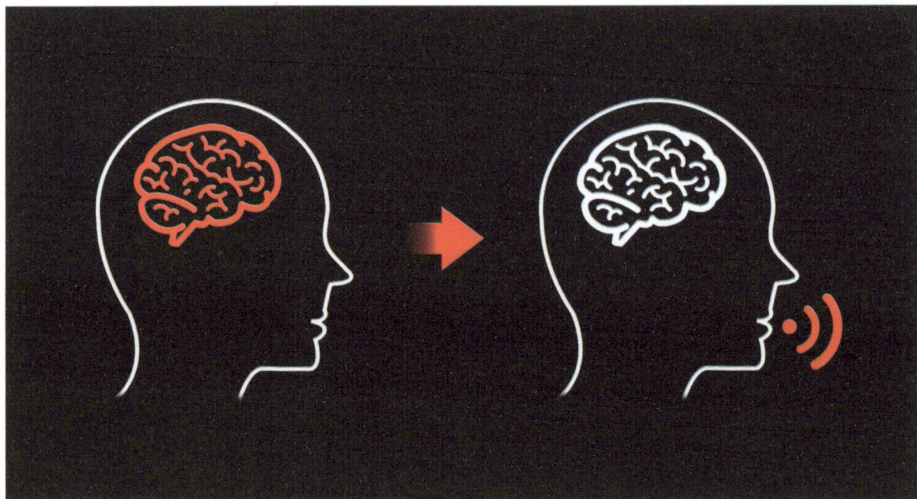

有效的品牌口号既能降低顾客的记忆成本，又能提高传播效率。

4.3.2 设计有效的品牌口号

1. 品牌口号不是喊给自己听的，而是喊给顾客听的

很多品牌在设计口号时，首先考虑的不是如何让顾客记住，而是如何把口号写得"漂亮、

大气、有档次"。例如，"风韵雅致，睿明广博"看起来确实很华丽，用词也很大气，但是顾客看到后能获得什么信息呢？能记住吗？与朋友交谈时会顺口说出来吗？它显然很难做到其中任何一点，因为这种品牌口号只是品牌喊给自己听的。

优秀的品牌口号的特点是简单直白、易读易记，能让顾客对一个陌生的品牌产生非常熟悉的感觉，迅速了解品牌和商品的价值。例如，六个核桃的"经常用脑，多喝六个核桃"，以及厨邦酱油的"厨邦酱油美味鲜，晒足 180 天"等，这些品牌口号顾客听一遍就能记住，并且能够让顾客快速了解商品的工艺、用途和优势。这类品牌口号对潜在顾客来说既朗朗上口，又具有很强的说服力。

六个核桃和厨邦酱油的品牌口号都能让顾客快速解商品的工艺、用途和优势。

另外，品牌口号还要传达出品牌的价值，要让人听了之后就能记住，并成为品牌的传播者。例如，酒类品牌人头马的口号"人头马一开，好事自然来！"既能够体现商品的使用场景，又能够给人一种吉利喜庆的感觉，重要的是它没有使用空洞的华丽词汇，让顾客一听就能记住。记住这句口号的顾客有时候还会不经意地说出来，相当于帮人头马打了广告。有的顾客即使没有购买过人头马的商品，也能牢牢记住这句口号。

优秀的品牌口号能大大降低顾客的记忆成本和品牌的传播成本。

2. 品牌口号要让顾客知道自己能得到什么

品牌口号要体现出商品对于顾客的价值，让顾客知道自己使用商品后会得到怎样的改善，也就是说，品牌要给顾客一个购买理由。就像前面讲到的，要让顾客产生"与我相关"的感受，并了解商品能够给他带来的好处。

除了手机之外，小米还有一款非常受欢迎的商品：小米体重秤。在几十万台销量的背后是一个品牌口号让顾客了解了商品能带来的好处，并产生对商品的需求感。在其他商家都在宣传商品材质、工艺和技术的情况下，小米体重秤则用品牌口号"喝杯水都可感知的精准"让顾客瞬间感受到小米体重秤的精准程度，而这正是顾客所需要的，其他材质、工艺和技术参数都变得不那么重要了。

因此，品牌口号需要以顾客为中心，告诉顾客他能够得到什么好处，这样能够将商品的优势放大，并且在顾客的脑海中快速建立深刻的品牌印象，甚至能让顾客主动宣传品牌。

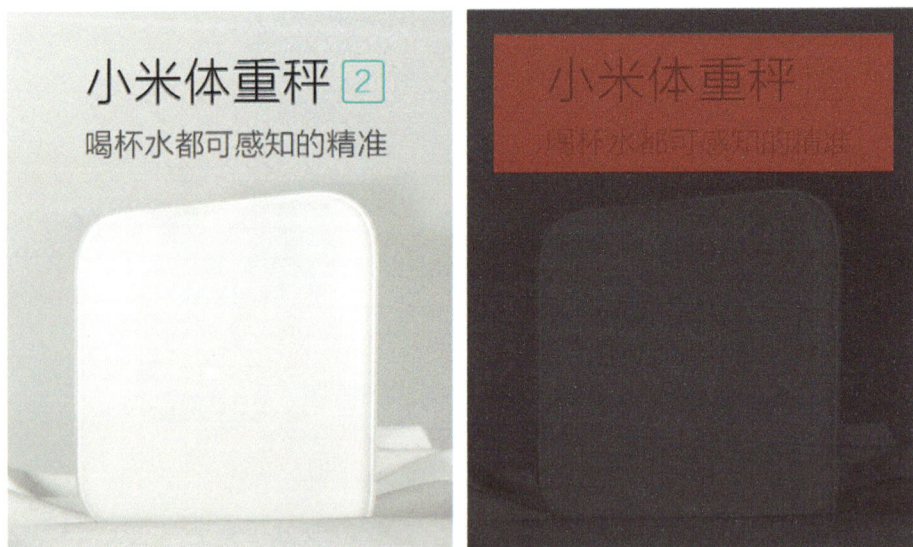

品牌口号要体现出商品对于顾客的价值。

3. 品牌口号需要重复使用

品牌口号会随着时间的推移变得越来越有力，所以不要轻易改变。例如，脑白金广告中那句朗朗上口的口号"今年过节不收礼，收礼只（还）收脑白金"经过多年的重复，已经在顾客的脑海中留下了深刻的记忆。如果品牌口号经常改变，那么之前的品牌口号给顾客留下的印象就会被清除，而顾客也会被不断变化的品牌口号所干扰，认为品牌还没搞清楚定位，不值得信赖，其对于品牌的信赖感也会因此降低。

因此，品牌口号一旦确定，就尽量不要改变，重复使用相同的品牌口号才能让品牌形象深入人心。

"今年过节不收礼，收礼只（还）收脑白金"成了一句家喻户晓的品牌口号。

4.4 多维度建立品牌记忆

人们对于品牌的记忆不仅仅是它的商标，还包括一切能够携带信息的视觉形象、声音、触感、味道等。因此，商家要利用眼（视觉）、耳（听觉）、口（味觉）、鼻（嗅觉）和肢体动作多维度建立品牌记忆，让人们对品牌的印象更加具体、更加深刻，让品牌的建立和传播更加立体、更加直接。

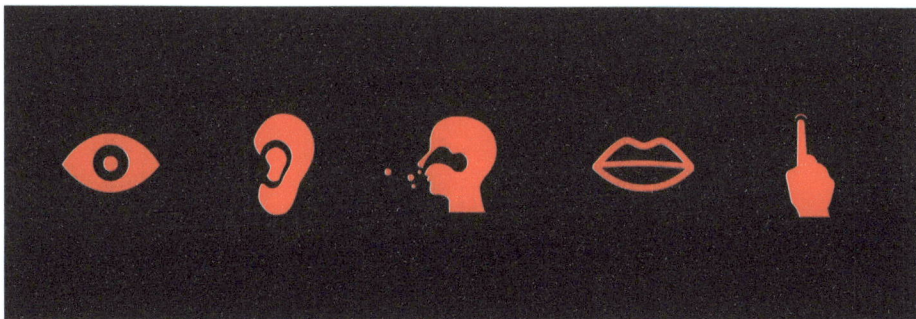

从视觉、听觉、嗅觉、味觉、触觉和肢体动作 6 个维度建立更加立体的品牌记忆。

1. 视觉记忆

在人们获取的所有信息中，大约85%的信息是通过眼睛获取的，人们利用视觉获取的信息是最多的。而且视觉不会受到文化差异的影响，文字需要翻译但图形则不被限制。

品牌视觉形象包括品牌标志、颜色、商品外观、图案和拍摄风格，还包括商品的陈列设计、卖场POP（卖点广告）设计以及店面设计等。在品牌的塑造过程中，品牌视觉形象的设计会直接影响顾客的购物过程，顾客也会利用视觉信息记忆品牌。因此，建立具有辨识度的品牌视觉形象是多维度建立品牌记忆的首要任务。

品牌视觉形象包括品牌标志、颜色、商品包装、图案、商品外观等一切外在视觉信息。

2. 听觉记忆

听觉信息相较于视觉信息有一个很强的优势就是"不需要看见也能传播"，如商场中播放的促销广播。因此，顾客利用视觉主动接收信息，也可利用听觉被动接收信息。

听觉信息既能通过"文字被看到"，又能通过声音传播，如英特尔广告的背景音乐。

英特尔广告的背景音乐就是典型的听觉信息。

因此，不仅视觉要有标志，如果通过声音向顾客传递信息时，那么声音也要有一个标志。

朗朗上口的口号或者一段旋律都能起到很好的传播作用。例如，拼多多广告中那段耳熟能详的旋律，就起到了很好的辨识作用，听了几遍之后，大多数人都能跟着唱"拼多多，拼多多，我和你，拼多多……"。

3. 味觉记忆

每个人都有对味觉的记忆，而这种对味觉的记忆是顾客购买食物的主要动机。

味觉记忆是通过重复慢慢养成的，比如"老干妈"辣椒酱风靡全球，其实就是人们对于味觉的一种记忆体现。可乐也是一种味觉记忆，每当人们口渴难耐时，这种味觉记忆马上就会被唤起。

每当口渴难耐时，人们就会无比渴望马上有一杯冰可乐。

4. 嗅觉记忆

嗅觉是味觉的延伸，但嗅觉的作用范围更广，而且嗅觉记忆的准确度比视觉记忆要高。人们每天都生活在各种味道中，不同的味道会唤起不同的情感、记忆、情绪等。

例如，入住香格里拉酒店时会闻到该酒店特有的香薰气味，而且全球的香格里拉酒店都是这种香味，久而久之，人们就把这种香薰的气味与香格里拉酒店画上了等号。此外，丽思卡尔顿、福朋喜来登、索菲特、文华东方等酒店都有专属的气味。因此，嗅觉信息能够给人留下深刻的记忆，从而使其形成对品牌的记忆。

5. 触觉记忆

实体店相较于网店的优势就是它能使顾客形成触觉记忆，顾客可以通过触摸商品更加真实地体会商品的质感，而网络购物则无法让顾客通过触觉感受商品。但是商家可以通过触觉树立商品的差异化，为顾客带来更好的购物体验，如在商品的包装材质上花一些心思，采用一种独特纹理的材料，给顾客带来触觉记忆，让顾客有更好的收货体验，从而增加其对品牌的好感。除此之外，商家还可以通过一些纹理图片间接影响顾客的情感反应，比如麻布、木板纹理会给人比较天然的感觉，而金属、石面纹理则会给人冷峻的感觉。

不同纹理的材料能够间接影响顾客的情感反应。

6. 肢体动作

肢体动作是人们思想和情感的一种符号化表现，一个动作或一个手势就代表了一种独特的含义。例如，在摇滚乐现场，成千上万的观众都会做出摇滚的手势融入那种氛围。此外，还有爱心的手势、胜利的手势、赞扬的手势等，这些手势都有特定的含义，一个简单的手势就能表达出某种感情。品牌如果能够将自己的特点用一个简单的手势表达出来，并且长期使用这个手势，则会让顾客形成深刻的记忆。

特定的肢体动作是人们思想和情感的一种符号化表现。

充分利用每一种感官记忆，打造品牌的记忆点，让品牌被顾客记住变得简单！

4.5　重复，重复，再重复

4.5.1　重复是一种效率

人们是如何把看到的信息从"短期记忆"变成"长期记忆"的呢？一种方法是把新信息与熟悉的事物联系起来，比如品牌的标志是小猫形象，具象的图像让人感到熟悉，也就更容易让人记住。另一种方法就是让品牌的形象不断地出现在顾客的生活中，通过多次重复将其深深地印在顾客的心中。

Coca-Cola	Coca-Cola	Coca-Cola	Coca-Cola Coke	Coca-Cola
1900	1940	1950	1987	2009

可口可乐的标志 100 多年来都不曾做过太大的改动。

　　提到保健品的电视广告，相信大家首先会想到脑白金，它可谓是"重复式"广告的先驱。有人认为脑白金的广告是"机械重复的噪声"，也有人评价"整个广告闹哄哄的"，还有人说"'今年过节不收礼，收礼只收脑白金'这句话有语病"，但自 1997 年上市以来，脑白金已经畅销 20 多年了。

　　有些所谓的创意广告，虽然获得了无数的赞美与奖项，但最终大都被顾客遗忘了。它们成了做广告的人鼓吹专业性的资本，成了获奖的工具，最终成就了做广告的人，而没有成就广告主。而宣传的目的是让人记住，有些获奖的广告显然没有做到这一点。广告的目的从来都不是让人喜欢，而是让人记住，遗忘是宣传最大的失败。

　　品牌的传播需要高效率，而重复就是高效率的传播方式，用 10 年喊一句话肯定比一年喊 10 句话更能让人印象深刻。王老吉使用"防上火"10 多年，从未改用其他；老干妈定位"辣椒酱"20 多年，从未改用其他；红牛代表"能量"40 多年，从未改用其他；沃尔玛突出"便宜"50 多年，从未改用其他；宝马汽车宣传"驾驶体验"，从未改用其他；奔驰汽车强调"尊贵"，从未改用其他。结果它们都成了各自所在行业的强势品牌！

　　宣传即重复，重复是宣传的最大智慧。

——《超级符号就是超级创意》

品牌需要经过长时间的重复才能深入人心。

4.5.2　正确的重复方式

人们对广告的印象有时会直接转移到商品上。很多顾客表示坚决不会购买某品牌的商品，因为它们的广告实在是太差了。广告太差可能会导致顾客对品牌没有任何好感，直接将其拉入"黑名单"。

虽然重复是一种高效的广告传播方式，能够让人对广告产生深刻的印象，但是要考虑到过度地重复会不会引起顾客对品牌的反感，过于"洗脑"的广告会不会让顾客厌倦。

那些生搬硬套、完全相同的广告，在短时间内多次重复，难免会引起顾客的不满。这种重复方式虽然起到了让顾客记住的作用，但对品牌的口碑也有不好的影响，当顾客的反感和厌恶程度过高时，就会起到相反的作用。

因此，需要有选择性地重复。简单来说就是在保持广告内容相同的情况下，改变呈现广告的方式，比如尝试重复呈现同一个广告的不同变体，让形式充满新鲜感，但表达的意思保持一致。例如，脑白金的广告虽然一直都有那句口号"今年过节不收礼，收礼只（还）收脑白金"，但它每年都会用不同的人物形象，让观众对广告保持新鲜感。再如，那些系列广告大片，也是在保持内容相同的情况下做一些形式上的变化。这种选择性重复的方式让顾客乐于去讨论和记住广告，而不是本能地反感和排斥广告。

正确的重复方式应该是重复广告的"意"，而不重复广告的"形"。

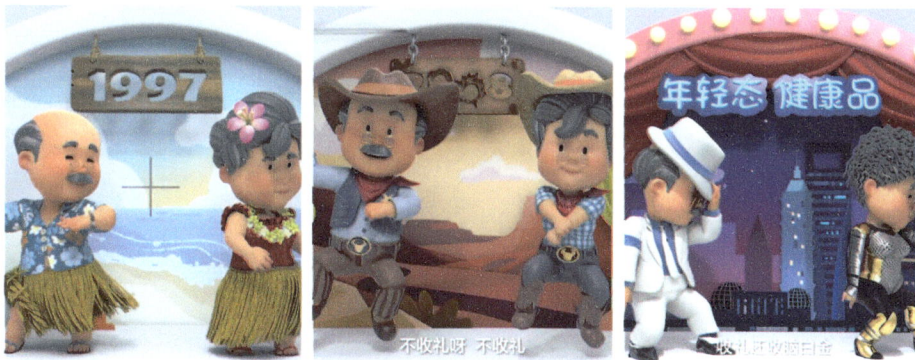

脑白金的广告每年都在用新颖的形式去重复讲述相同的内容。

"

刚接触设计行业时经常会遇到'不够满意自己
的作品，但又不知道问题出在哪里，也不知道
该改哪些地方'这种情况，原因在于对设计原
则掌握不到位。

"

设计的基本原则

设计不能只依靠"灵感"，还要遵循基本的原则，无论顾客的购物场景和购物习惯怎样变化，设计的基本原则同样有效。当了解并掌握了设计的基本原则后，设计师就能根据设计原则对作品进行有效的修改。

因此，设计师只有掌握设计原则，并在设计过程中遵守这些原则，才能让设计更加有效。

5.1 梳理信息层级

5.1.1 梳理信息层级的目的

信息层级就是画面中信息的主次关系。这里所说的信息，不仅指文字信息，还包括画面中的商品信息和氛围信息等。

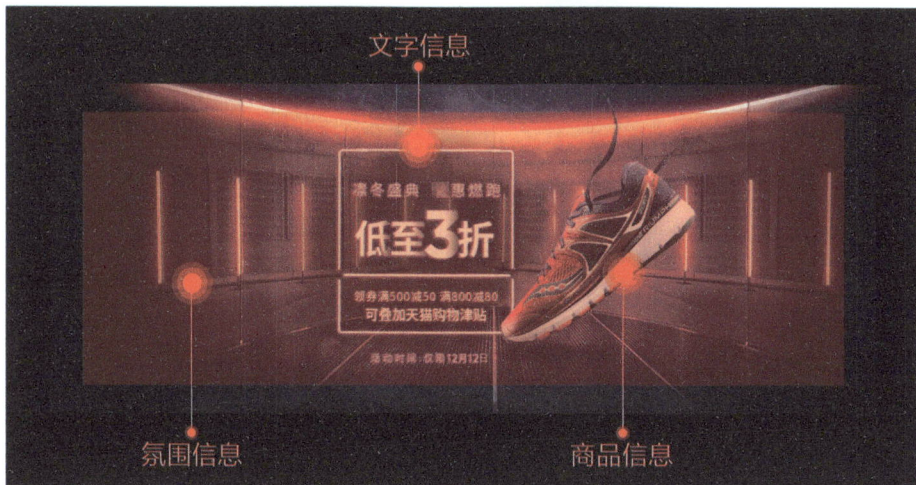

信息包括文字信息、商品信息、氛围信息等画面传达给顾客的所有信息。

很多电商设计师还没有将信息层级梳理清楚就开始设计，结果把大量的时间和精力浪费在设计辅助信息上，比如商品的陈列形式、烘托氛围的图片等，而真正重要的商品和卖点却被处理成了次要信息。

主要信息若被处理成次要信息，就会导致设计的方向错误。

视觉设计的本质是对各种信息进行设计，当信息量比较大，且顾客的注意力不集中时，信息层级的处理会更加重要。顾客不可能一次性从页面中接收全部信息，因此设计师需要对信息进行主次划分，以便顾客更快、更准确地获取重要信息。

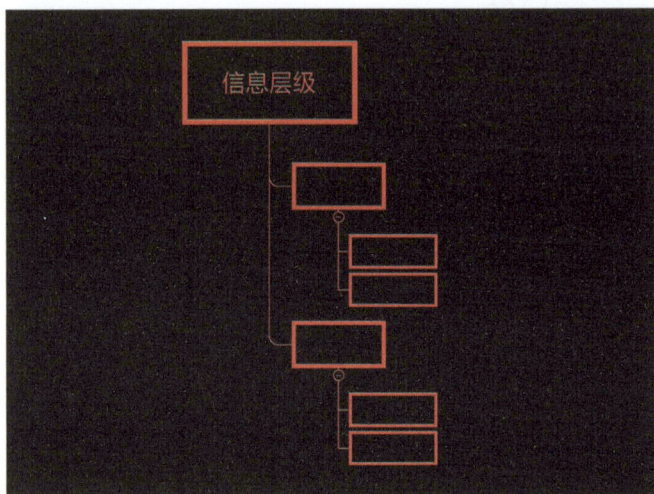

在设计前应先将信息层级梳理清楚。

如果设计师对信息层级理解错误，那么再漂亮的设计形式都是没有意义的。只有具有正确的信息层级，并配合恰当的设计形式，能够将重要的信息准确传达给顾客的设计，才是有效的设计，也才能帮助设计师提高工作效率、降低改稿率。

另外，清晰的信息层级能够让信息更高效地传达给顾客。设计的第一要务是信息的传达，无论是对于传统的纸质媒介来说，还是对于现在的电子媒介来说，这一点从来都没有变过。最重要且有效的是将能够吸引顾客的信息传递到位。

正确划分信息层级能够提高关键信息的传达效率。

130

在设计中最重要的内容有且只能有一个：如果所有内容都重要，也就等于所有内容都不重要。因此在设计之前，需要先了解设计的目的，才能清楚设计的重点；搞清楚设计的重点后才能强调最重要的信息，从而提升信息传达的效率。

当所有信息都在强调自身的重要性时，所有的信息都将变得不重要。

5.1.2 梳理信息层级的方法

1. 用信息树梳理信息层级

如果用信息树梳理信息层级，那么从上到下依次是重要信息、辅助信息、次要信息。我们可以用 XMind 思维导图或者 Word 的大纲视图让信息层级更加直观。在梳理信息层级的过程中，可以找到设计要传达的核心内容是什么，从而让设计的目的更加明确。

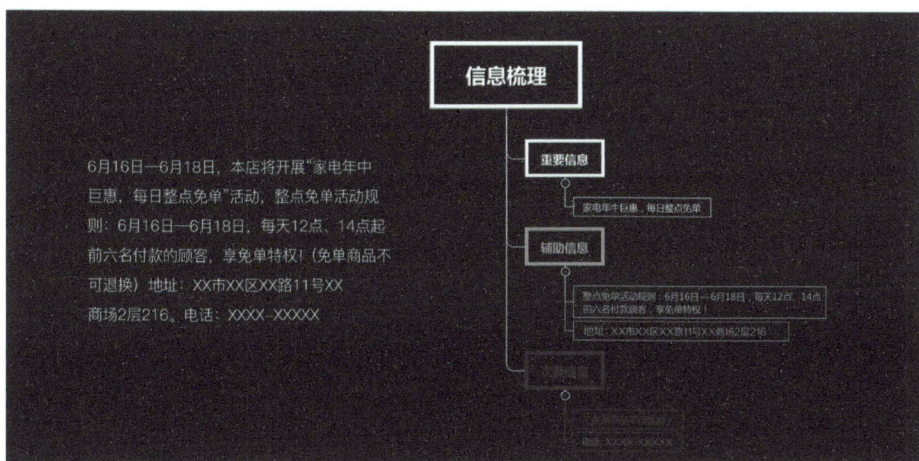

用信息树梳理信息层级可让层级关系可视化。

2. 用四象限图梳理信息层级

用四象限图梳理信息层级可以直观地体现出信息的重要程度。在四象限图中，纵轴代表信息的重要程度，横轴代表信息的必要程度，越靠近右上角的信息越重要，其视觉层次越优先；越靠近左下角的信息越不重要，其视觉层次上可以相对弱化，甚至隐藏。

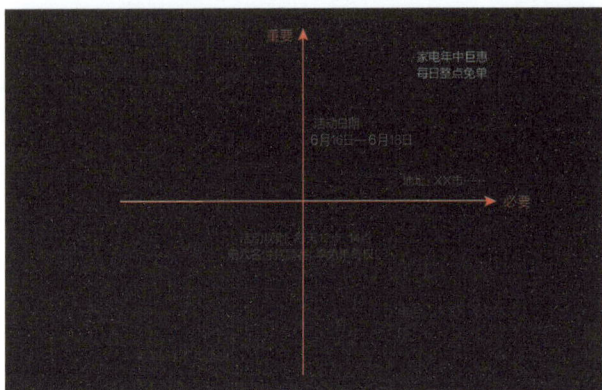

四象限图让信息的重要程度和必要程度一目了然。

5.1.3 建立信息层级的方法

信息层级梳理清楚之后，需要运用合适的方法建立清晰的信息层级，以便顾客在浏览时能够快速、准确地找到重点信息。下面介绍 3 种常用的方法。

1. 尺寸差异

用信息的尺寸大小表明信息的重要程度是最直接的方法之一。信息的物理尺寸越大，让人感觉信息越重要，比如报纸标题的字号通常比正文的字号大很多倍；反之，信息的物理尺寸越小，在视觉上就会给人一种信息不太重要的感觉。

通过视觉上的尺寸差异，可直观地表现不同的信息层级。

2. 色彩差异

　　眼睛对色彩的变化是较为敏感的，通过色彩差异同样能够表现信息的不同层级。色彩差异又可分为色相差异、纯度差异和明度差异。任何一种差异都能够体现不同的信息层级，但不建议3种差异同时存在，否则会导致色彩搭配不协调。

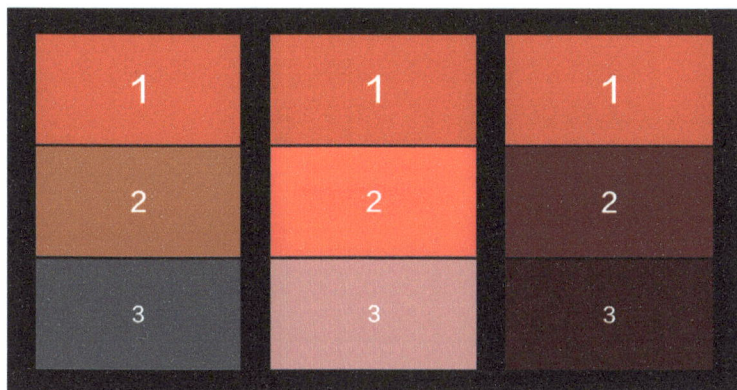

3. 样式差异

　　见惯了正常状态的文字，可以采用夸张的方法处理文字以引起顾客的关注。用倾斜、特殊设计、质感等非常规的视觉样式区分信息的不同层级，也是一种直观、有效的方法。

　　除了以上3种常用的方法外，还有很多方法可以用来区分信息层级，但各种方法的本质都是通过制造视觉上的差异区分信息的主次，引导顾客发现重要的信息。

5.2　亲密性原则

5.2.1　亲密性原则的定义

亲密性原则是指人们会根据元素之间的"距离远近"判断它们之间是否存在关联。如果多个元素之间的距离较近，人们就会认为这些元素是一个整体。相反，如果多个元素之间的距离较远，人们则会认为这些元素之间是相互独立的，不存在关联。

相距较近的多个元素会被视为一个视觉上的整体，距离整体较远的单个元素则会被视为单独的个体。

因此，在视觉设计中，相关联的元素应该遵循亲密性原则，缩短彼此间的距离，从而成为一个视觉上的整体。而针对彼此之间无关联的元素则应该拉开它们之间的距离，将它们在视觉上区分开，表明这些元素是独立的个体。

遵循亲密性原则，有助于顾客快速了解整个设计中的信息结构，从而提高设计的条理性，降低信息传播的难度。

遵循亲密性原则，将相关联的元素放在一起，可以明确信息之间的关系。

5.2.2 应用亲密性原则提高传达效率

1. 亲密性原则的应用方法

在应用亲密性原则时，要对已有的设计方案进行评价，可以看一下页面上的信息被分成了多少个单独的部分。如果页面上的信息被分为多个（3个以上）单独的部分，顾客在阅读时接收到的信息就会比较分散，必须要停顿多次才能看完全部信息。显然这种情况是不可取的，因为在互联网时代人们在阅读时更加缺乏耐心，所以这有可能会导致顾客跳失，因此需要通过亲密性原则重新组织页面上的信息，让信息结构更加清晰。

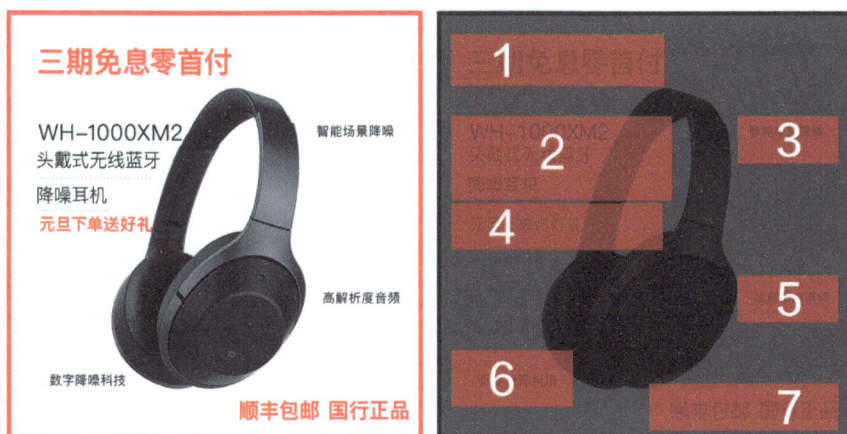

顾客找不到明确的阅读顺序，停顿7次才能看完所有信息，增加了商品信息的传达难度。

首先，需要重新组织信息。通常情况下，页面上的信息都可以按照重要程度、类型等进行重新组织。当页面上的信息被分为多个部分时，其实大部分信息没有必要作为一个独立的视觉单元存在，这时就可以通过前面所讲的信息层级处理方法厘清信息的主次关系，再着手进行设计。

将信息按照利益点、商品名称、功能进行重新组织，提高信息之间的逻辑合理性。

厘清信息的主次关系之后，采用亲密性原则进行调整是简单且有效的方法。将相关联的信息之间的距离缩小，在视觉上形成一个整体；增加不同类型的信息之间的距离，达到区分各类型信息的目的，从而让信息层级更加清晰。

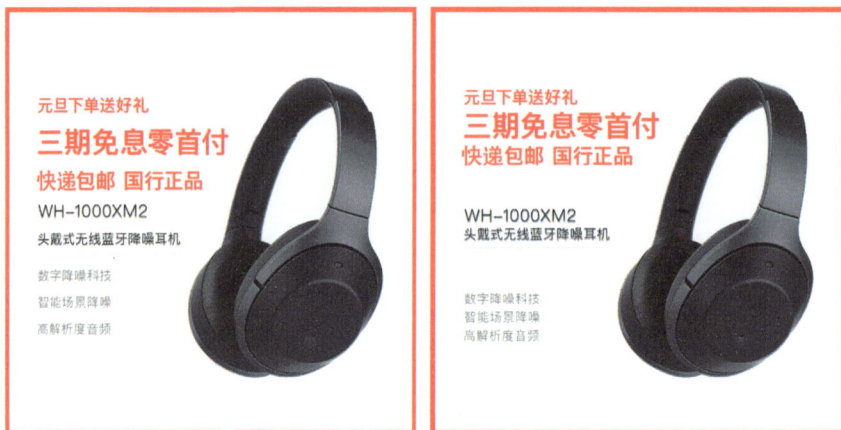

改变不同类型的信息之间的距离使信息层级在视觉上更加清晰。

其次，通过缩小字号留出更多的空间。如果页面上的信息多到无法移动任何文字或图片，那就缩小字号或缩小图片"腾出空间"。不要顾虑缩小字号会让信息变得不够"明显"，因为顾客阅读信息的前提是"产生兴趣"。如果标题已经让顾客产生了兴趣，字号稍小也不会影响信息的传达效率。如果标题不能让顾客产生兴趣，那么信息就算再"明显"也没有用。

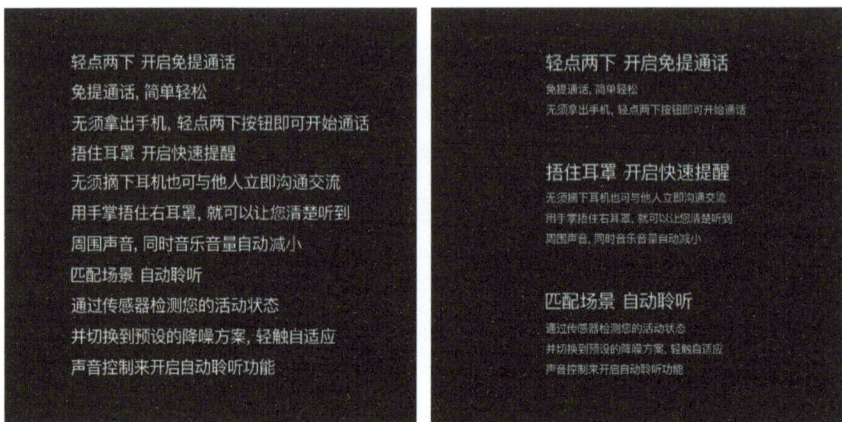

适当缩小字号，为页面留出空间才能应用亲密性原则。

最后，当页面中的信息已分为多个部分，而且文字信息比较多时，采用缩进的方式可以有效地应用亲密性原则将不同类型的信息分门别类，快速建立信息的条理性。

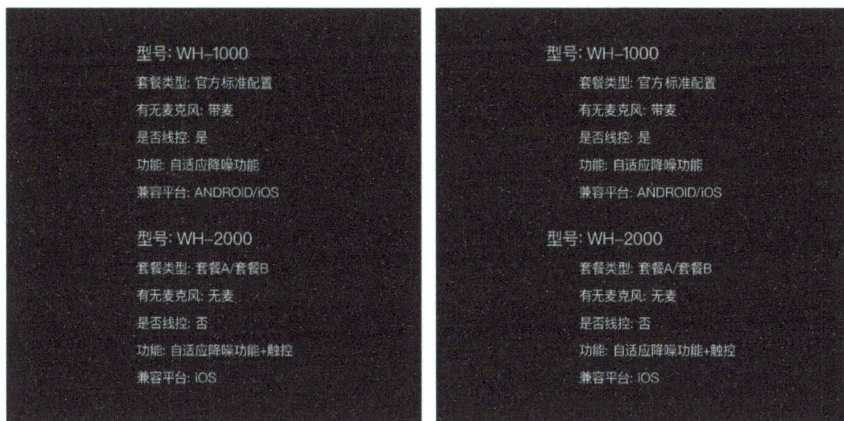

型号: WH-1000
套餐类型: 官方标准配置
有无麦克风: 带麦
是否线控: 是
功能: 自适应降噪功能
兼容平台: ANDROID/iOS

型号: WH-2000
套餐类型: 套餐A/套餐B
有无麦克风: 无麦
是否线控: 否
功能: 自适应降噪功能+触控
兼容平台: iOS

型号: WH-1000
套餐类型: 官方标准配置
有无麦克风: 带麦
是否线控: 是
功能: 自适应降噪功能
兼容平台: ANDROID/iOS

型号: WH-2000
套餐类型: 套餐A/套餐B
有无麦克风: 无麦
是否线控: 否
功能: 自适应降噪功能+触控
兼容平台: iOS

文字信息分为多个部分时，缩进能够在视觉上强化亲密性原则，让信息结构更加明确。

根据亲密性原则调整页面之后，各个类型的信息之间的关系会更加明确，整个页面的组织结构也会更加清晰，从而有助于达到提高信息传达效率的目的。

2. 应用亲密性原则的注意事项

信息较少时不发挥作用。亲密性原则虽然适用于大多数设计，但在有些情况下是不会发挥作用的，比如页面上的信息量和元素较少时，就没有必要强制遵循亲密性原则。

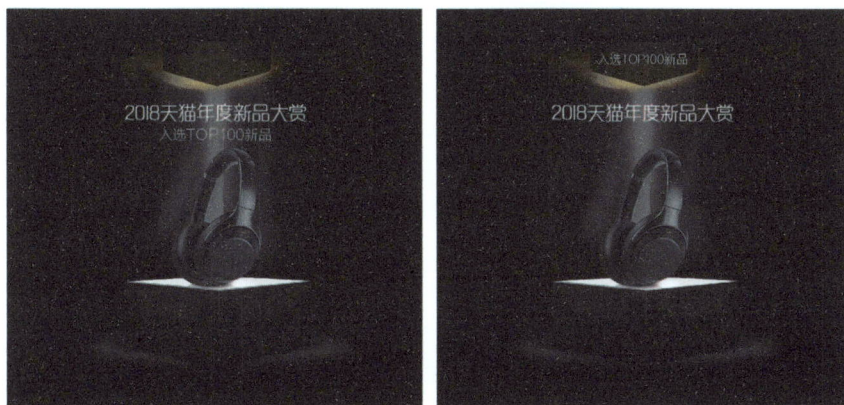

信息较少时，视线的重点不会因亲密性原则而发生改变。

没有关联的信息之间的距离不要过近。正确地组织信息是建立视觉上的亲密性的前提。如果盲目地在一些信息之间通过亲密性原则建立关联，这样反而会造成阅读和理解上的障碍，因此，彼此无关的信息要果断分开。

左边的设计因还没有正确地组织信息就建立了亲密性，容易导致顾客阅读时逻辑混乱。

要敢于留白。很多设计师比较害怕设计中留有空白，所以只要有空白就会找信息去将其填满。这样往往会给人一种很拥挤的感觉，导致视线得不到停顿休息。适当留白更能突出主要信息，减少阅读时的疲劳感，起到良性的传达作用。

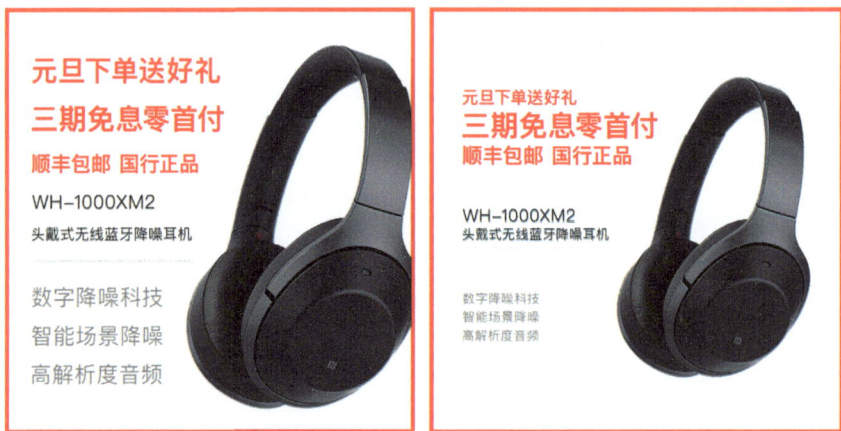

适当留白能够让视线得到停顿休息，同时也能突出商品本身和商品的重要信息。

5.3 视线流的设计

5.3.1 视线流的作用

从字面意思看，"视线流"就是顾客在浏览页面时，视线的"流动轨迹"。设计师在设计页面之前要考虑顾客会以怎样的顺序浏览页面上的信息。这种视线的"流动轨迹"并非随机产生的，而是由设计师事先设计好的，让顾客按照设计好的顺序浏览信息。

顾客第一眼应该看到什么信息，然后应该看什么信息，最后视线应该落在哪里以及是否会做出下一步的动作（是"立即购买"还是"点击查看详情"），这些都是设计师在设计视线流时要考虑的问题，只有对顾客的视线"流动轨迹"进行精心设计，其浏览页面的过程才能变得流畅自然。

视线由商品图片移动到功能科技介绍，再移动到保价与物流信息，最后落在活动价格上。

1. 让信息按照顺序展开

前文讲到开始设计前应该对信息层级进行梳理，分清信息的主次关系，让顾客一眼就能看到最重要的信息。而视线流的设计，就是将事先梳理好的信息按照设计好的视觉顺序展开，并依次传达给顾客。

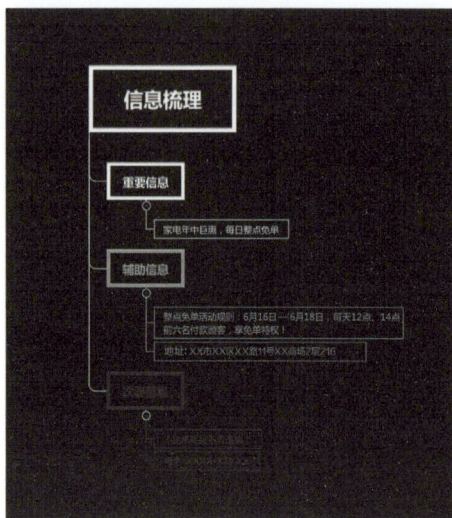

将梳理好的信息按照视觉顺序展开，以引导视线正确流动。

另外，顾客在购物时浏览信息的速度很快，而且极其缺乏耐心，因此在浏览"具有多个视觉焦点、视线流没有规律"的信息时，导致顾客可能会因信息逻辑混乱、视线没有被合理引导而放弃浏览，并关闭页面。而且信息逻辑混乱也会给人一种"品牌不值得信赖"的感觉，从而间接影响顾客对整个品牌的信赖感。

因此，视线流的设计是为了让信息按照顺序传达，从而避免因浏览不畅造成的视线停滞和因"茫然"而导致的顾客跳失。

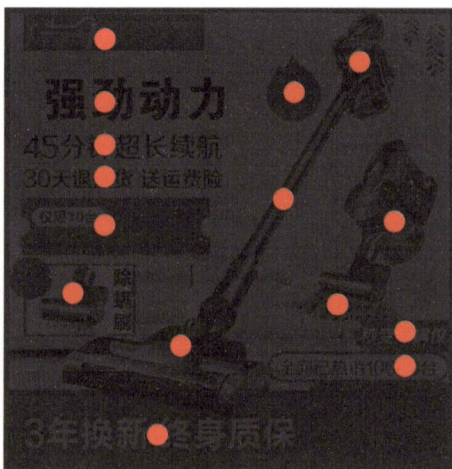

视觉焦点过多会让人很"茫然"，因此合理的视线流设计尤为重要。

2. 引导顾客点击和购买

　　视线流的设计还能起到引导顾客点击和购买的作用。视线流的起点通常应该是能够吸引顾客的信息，中间的内容则是商品的具体功能信息，很多设计完成这一步后就画上了句号，让顾客自己决定下一步是离开还是购买商品，这样做只起到了信息传达的作用，而没有进行行动暗示，显然是存在问题的。

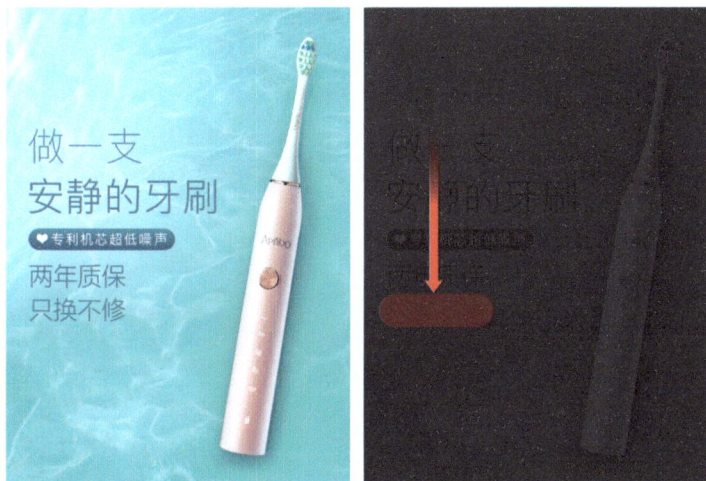

在左侧的设计中，视线流的终点是"只换不修"，并没有暗示顾客立即购买的行动指向。

　　当顾客浏览完商品的标题、功能特点、图片等信息后，应该将其视线引导至"立即购买"按钮上，让整个浏览过程更加顺畅，同时暗示顾客开始行动。"立即购买"是一种心理暗示，也是一种让顾客做出行动的暗示，因此，应将"立即购买"按钮作为视线流的终点，以及作为顾客行动的起点。

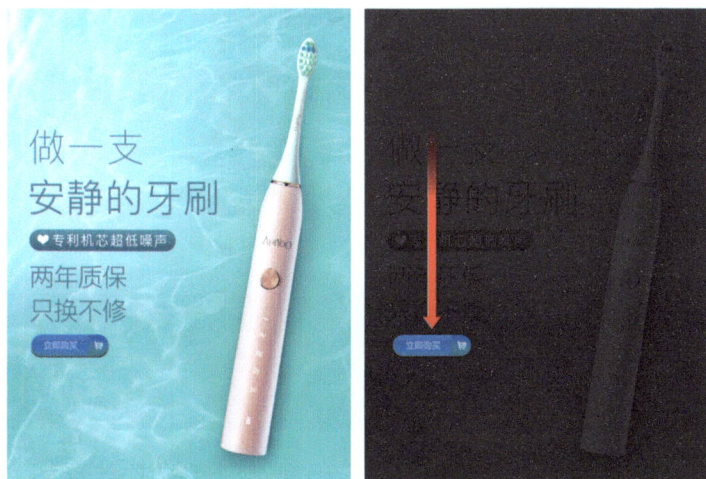

将视线流的终点设为"立即购买"按钮，比"只换不修"更能够提高顾客的点击率。

5.3.2　影响视线流走向的因素

1. 位置

　　人们的浏览习惯大多是自上而下、从左到右浏览，基于这种习惯，在相同的条件下，页面上方的信息会是视线流的起点，然后依次向下展开，直至信息内容结束。因此，在字号相同的情况下，把主要信息放置在最上方，更有利于吸引顾客继续向下浏览。

所处的位置决定信息被浏览的顺序。

2. 图片

　　无论是在网络平台还是在线下的广告、图书、报纸中，图片一般都是视觉的第一焦点。在生活中，人们一般更倾向于"读图"，而且图片传达的信息更直观、更易于理解，也更具吸引力。即使图片不在中心位置，大多数人第一眼看到的还是图片。

图片会成为视觉焦点，尤其是带人脸、眼睛的图片，这类图片会更具吸引力。

3. 文字的排列方式

　　文字的排列方式可以分为 3 种：横向排列，是最常见的排列方式；竖向排列，多用于体现传统感与历史感的设计；倾斜排列，多用于充满动感的设计。不管是横向排列还是竖向排列，文字的排列方式都会影响整个页面的视觉流走向。因此，在设计单个页面时，文字的排列方式建议只用一种。如果排列方式过多，则会导致视线流混乱。

竖向排列的文字会让视线从右上角向左下角移动。

4. 视觉"重量"

　　文字的大小与笔画的粗细会影响顾客的浏览顺序。字号大、笔画较粗的文字会让人感觉比较有分量，在浏览时也会优先进入顾客的视线范围。

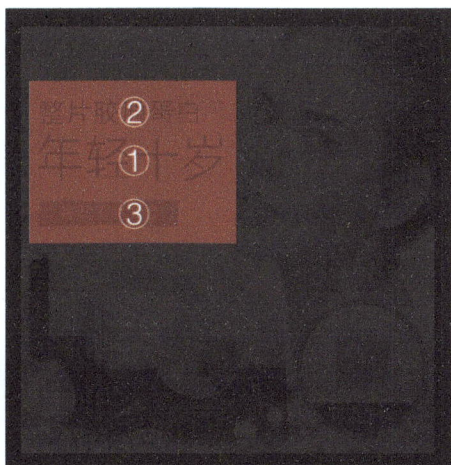

较大的文字会改变顾客自上而下的浏览顺序，并成为顾客首要关注的对象。

5. 数字序号

　　数字有一种神奇的魔力，当数字出现时，自上而下的浏览顺序会被轻易改变。因此，"1"出现在哪里，哪里就是视线流的起点，即使它并不在第一行，眼睛也会找到"1"，然后从"1"开始浏览。

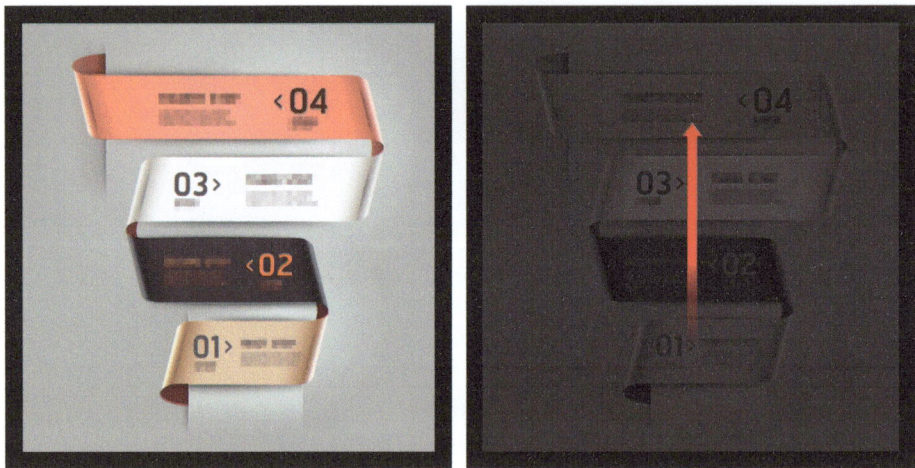

数字序号很容易改变视线流，将浏览顺序变为自下而上。

6. 色彩对比

　　色彩对比强烈的内容会是浏览时视线的切入点，即使不在页面的中心，它也是视线优先捕捉的对象。

色彩对比强烈的内容会是视线优先捕捉的对象，即使它不在画面中的重要位置。

5.3.3 不同的视线流给人的感觉

同样的元素采用不同的视线流设计，给人的感觉完全不同。不同的视线流既可以让页面风格比较严谨，也可以让页面风格较为活泼。

1.E 形视线流给人秩序感和权威感

从左到右、从上到下的 E 形视线流，在视觉上会给人一种条理清晰的秩序感，在心理上也会给人一种比较严谨和值得信赖的权威感。E 形视线流一般用于商品的信息介绍页和参数说明。

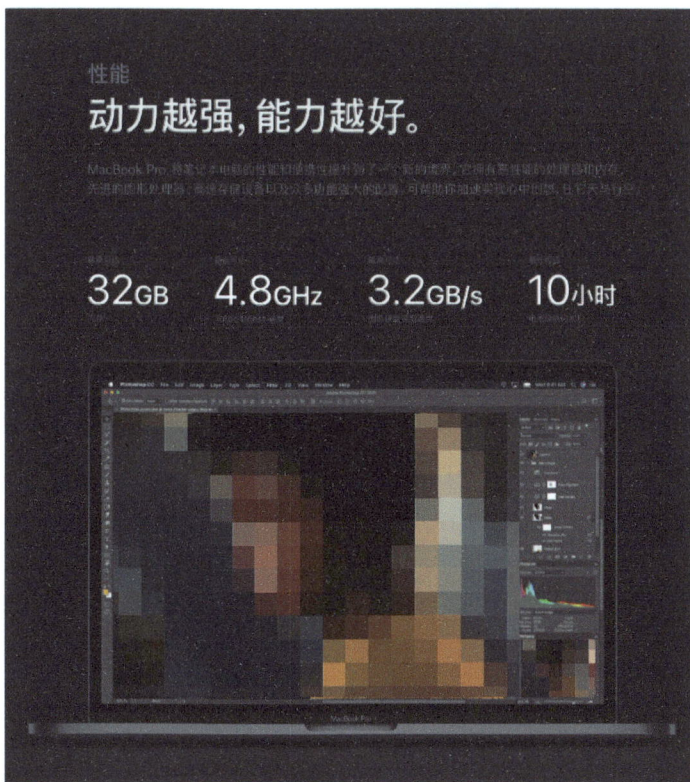

性能

动力越强，能力越好。

MacBook Pro 将笔记本电脑的性能和响应性提升到了一个新的高度，它拥有新的强劲处理器和内存，关注的应用程序和处理更快，借助于硬件设备以及这些动能强大的配置，可帮助你加速实现心中创意，日它天马行空。

32GB   4.8GHz   3.2GB/s   10小时

E 形视线流给人的感觉
是条理清晰、严谨和值得
信赖。

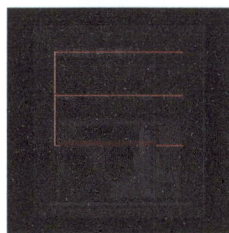

2. 多点式视线流给人轻松活泼的感觉

多点式的视线流会给人带来一种轻松活泼的感觉。例如，玩具类商品的宣传页面选择多点式的视线流设计会更符合商品的趣味属性。

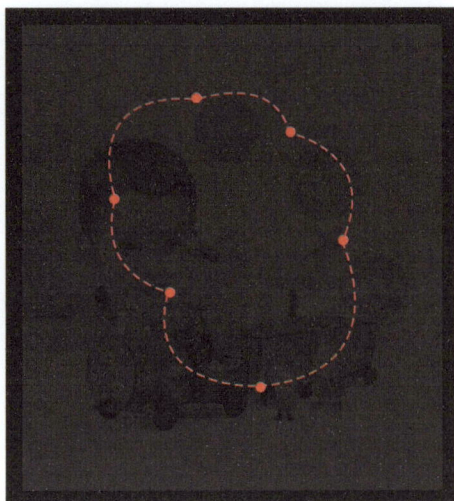

多点式的视线流会给人轻松活泼的感觉。

3. 竖排视线流给人传统感和历史感

　　虽然现代的文字排列大多采用横排的方式,但竖排的文字依然具有深厚的文化底蕴。因此,若将文字从横排改为竖排,整个页面就能体现出传统感与历史感。

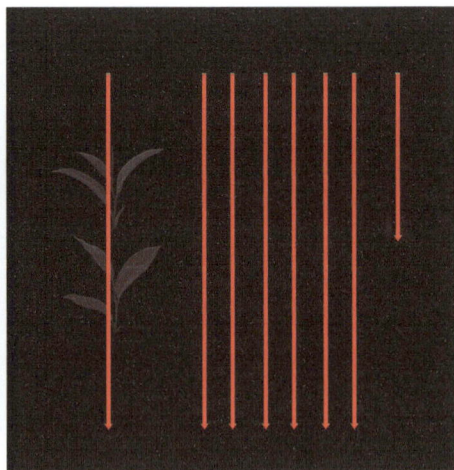

竖排的文字在影响视线流的同时,也能体现出传统感和历史感。

5.4 有规律的重复

5.4.1 重复的作用

在平面构成的形式中，重复是一种基本表现形式，具有简单高效、视觉效果显著、适合大面积使用等特点。在设计构成中，相同元素重复排列也是一种常用方法，它可以使画面呈现出和谐、统一的视觉效果，并能加深顾客对画面的印象，也可以形成一种有规律的节奏感和形式美感。当然，重复的作用远不止于此。

《设计师要懂心理学》一书指出"人在识别物体时会寻找规律"，发现规律有助于眼睛快速处理接收的信息，即使信息本身并没有规律，眼睛和大脑也会尝试创造规律。例如，在观察下面这张图片时，人们可能会把这些点视作4组图案，每组图案3个点，而不是12个单独的点，也就是说，人们会把点与点的间距长短看成一种视觉上的规律。

既然人会不由自主地在信息中寻找规律，那就尽量多使用规律，利用分组和间隔来创造规律。这样会在顾客浏览商品介绍时减小信息传达的阻力，使顾客更容易找到浏览的"节奏"。

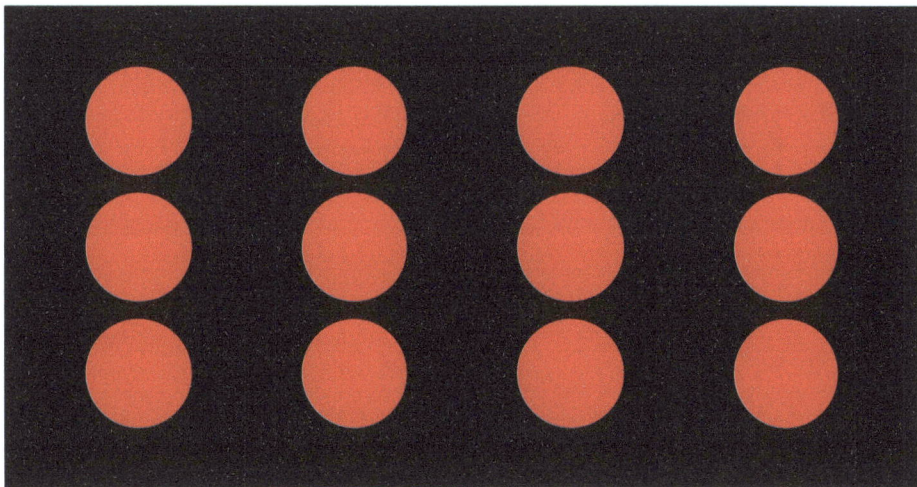

有规律的图案会提高浏览效率。

1. 利用重复建立浏览的节奏与韵律

随意摆放元素，页面就会显得没有规律，因此需要建立元素之间的节奏与韵律。而建立节奏与韵律的过程，就是用重复的方法迎合顾客的浏览预期的过程，当元素之间的距离长短不断重复且可以被预测时，顾客就会对信息做出大致的预判。页面的节奏与韵律可以控制浏览的节奏，从而使顾客浏览页面的过程更加顺畅、自然。

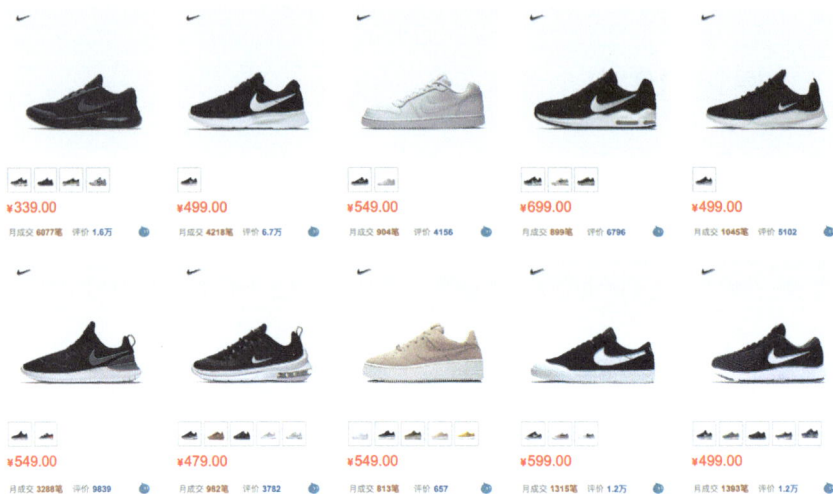

通过图片、间距、布局的重复，顾客会对接下来的信息做出大致的预判。

2. 利用重复建立统一性

有规律的重复能够对页面中的元素进行统一，表现出秩序美和整齐美，给人井然有序的印象，从而达到良好的视觉效果，让顾客在浏览的过程中建立起对品牌的信赖感。同时重复的视觉形象还具有较强的装饰性，可营造出严谨、精致的秩序美感。

第一行的商品图片利用重复建立了视觉上的统一性，给人整齐有序的感觉。第二行不统一的商品图片给人比较杂乱的感觉。

3. 利用重复建立统一的品牌视觉形象

除了在单独的页面设计中需要利用重复建立统一性外，还要在整个品牌或店铺的设计过程中，通过重复品牌的关键视觉特点建立品牌的视识觉别特征，从而强化顾客心中的品牌形象。一般品牌的视觉形象中会有品牌标志、品牌色、品牌图案等元素，以及品牌的视觉识别系统，这些都是通过关键元素的重复建立的。

品牌的视觉识别系统就是通过重复关键视觉符号建立统一的品牌视觉形象。

如果设计师没有统一品牌视觉形象的意识，就会导致每个页面的风格有差异，达不到统一品牌视觉形象的目的，因此品牌或店铺的整体形象就很难被顾客记住，也很难让顾客对品牌产生深刻的印象，顾客也就不会有复购行为，品牌所做的一切努力都是"一次性"的。

5.4.2 重复的方法

利用重复能建立规律、页面的统一性和品牌的统一性。下面介绍一些重复的方法，如字体、颜色、间距和风格等的重复。

1. 字体

常见的中文字体有宋体、黑体、楷体等，选择不同的字体能表现出不同的页面风格。如果页面中的字体超过 3 种，画面就很难呈现出统一、和谐的视觉效果，因此，在设计中要减少字体的使用数量，尽量使用相同的字体，让页面传达给顾客和谐、统一的感觉。

左图中统一的粗圆字体给人和谐的感觉，右图则用了 3 种不同的字体，与商品的特点不一致。

2. 色彩

在所有的视觉元素中，色彩的变化比较容易被察觉。因此，在色彩的选择上要有一个明确的方向，确定一种具有代表性的色彩后，重复使用该色彩，才能建立统一性。

如果不能重复使用某一种色彩，那么至少要统一色相、明度、纯度 3 个维度中的任意一个，这是色彩搭配的基本规则。如果 3 个维度都有很大的差别，画面就会给顾客一种"脏、乱、差"的感觉。

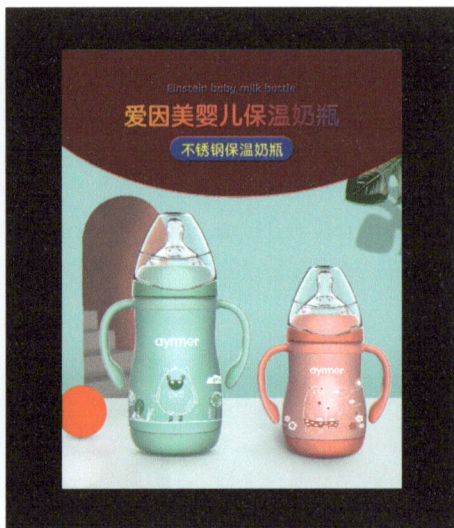

左图中的色彩给人和谐的感觉，而右图中的色彩则给人一种很生硬的拼凑感。

3. 间距

设计中的间距也就是常说的"留白"，留白可以强调页面中各种信息之间的关系。因此，重复相同信息之间的距离和相同视觉单元之间的距离也是一种有规律的重复，有助于建立页面的节奏与韵律。

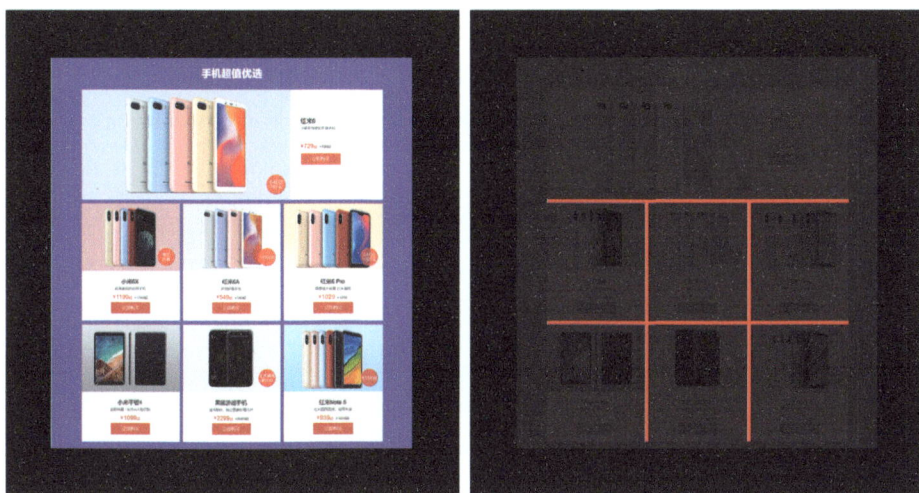

重复间距可让页面布局产生有规律的节奏感。

4. 风格

统一的风格能够让整个页面更加和谐。因此，店铺统一采用一种风格，能给顾客带来和谐统一的感觉。

重复使用同一种风格的页面让人感觉更加统一和完善。

5.5 提升文字的易读性

5.5.1 易读性的定义

在讲解文字的易读性之前需要先明白文字的可读性。通常情况下，人们会把这两个概念混为一谈，认为易读性就是可读性。其实可读性指的是文字本身的意义，以及文字本身的趣味性、内容和写作方式等，用于衡量文字本身的内容是否能被大家认可和接受。

从字面意思理解，易读性就是让文字更容易被人阅读，再通过排版处理减少阅读阻碍，提升阅读效率。易读性是可读性的前提，如果文字在视觉上不够"易读"，即使文字的可读性再高，也会让很多人放弃阅读。

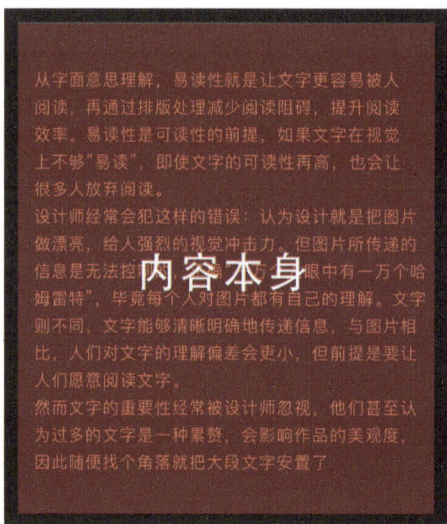

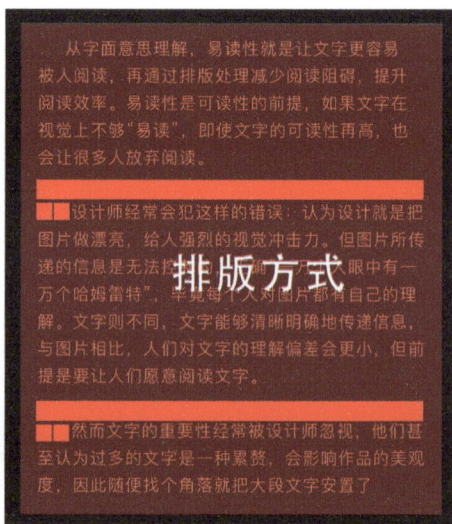

可读性用于衡量文字本身的内容，易读性则是通过设计让文字更容易被人阅读。

设计师经常会犯这样的错误：认为设计就是把图片做漂亮，给人强烈的视觉冲击力。但图片所传递的信息是无法控制的，正所谓"一万个人眼中有一万个哈姆雷特"，毕竟每个人对图片都有自己的理解。文字则不同，文字能够清晰明确地传递信息，与图片相比，人们对文字的理解偏差会更小，但前提是要让人们愿意阅读文字。

然而文字的重要性经常被设计师忽视，他们甚至认为过多的文字是一种累赘，会影响作品的美观度，因此随便找个角落就把大段文字安置了。

从字面意思理解，易读性就是让文字更容易被人阅读，再通过排版处理减少阅读阻碍，提升阅读效率。易读性是可读性的前提，如果文字在视觉上不够"易读"，即使文字的可读性再高，也会让很多人放弃阅读。

设计师经常会犯这样的错误：认为设计就是把图片做漂亮，给人强烈的视觉冲击力。但图片所传递的信息是无法控制的，正确"一万个人眼中有一万个哈姆雷特"，毕竟每个人对图片都有自己的理解。文字则不同，文字能够清晰明确地传递信息，与图片相比，人们对文字的理解偏差会更小，但前提是要让人们愿意阅读文字。

然而文字的重要性经常被设计师忽视，他们甚至认为过多的文字是一种累赘，会影响作品的美观度，因此随便找个角落就把大段文字安置了。因此，提升文字的易读性就是提升信息的传达效率，越是容易阅读的文字，传达信息的效率也就越高，带来的反馈也就越好，提升文字的易读性有两种方法，一是让

易读性是顾客愿意阅读的前提。

因此，提升文字的易读性就是提升信息的传达效率。文字越容易阅读的，其传达信息的效率也就越高，带来的反馈也就越好。提升文字的易读性的方法有两种：一是让文字更容易阅读；二是让内容更容易理解。方法其实很简单，只要你做到以下几点，文字的易读性就不会太差。

5.5.2 让文字更容易阅读

1. 让版心率符合页面风格

版心率指的是文字内容在页面中所占面积与页面总面积的比值。不同的版心率会给人带来完全不同的感受，其决定了视觉形象是严谨还是活泼。

版心率大的页面会给人一种内容严谨和重要的印象，常见的有报纸和说明书等。版心率小的页面由于留白较多，给人的印象较为简约和精致，同时也可能会让人感觉比较有格调、有品位。

版心率大和版心率小没有明确的好坏之分，是两种完全不同的风格。只有找到商品的定位，选择适合的版心率，页面才能吸引顾客的目光，只要保证页面的风格与信息一致就好。

如果商品比较昂贵、高端，选择较小的版心率会比较符合顾客的心理预期，顾客也就更愿意去了解商品。如果商品比较实惠，版心率可以设置得大一点，营造出热闹的氛围。但是版效率也不能太大，太大的版心率会让页面中的留白减少，内容变得拥挤。如果页面给顾客的观感不好，那么会直接影响阅读量。

从字面意思理解，易读性就是让文字更容易被人阅读，再通过排版处理减少阅读阻碍，提升阅读效率。易读性是可读性的前提，如果文字在视觉上不够"易读"，即使文字的可读性再高，也会让很多人放弃阅读。

高版心率

设计师经常会犯这样的错误：认为设计就是把图片做漂亮，给人强烈的视觉冲击力。但图片所传递的信息是无法控制的，正确"一万个人眼中有一万个哈姆雷特"，毕竟每个人对图片都有自己的理解。文字则不同，文字能够清晰明确地传递信息，与图片相比，人们对文字的理解偏差会更小，但前提是要让人们愿意阅读文字。

然而文字的重要性经常被设计师忽视，他们甚至认为过多的文字是一种累赘，会影响作品的美观度，因此随便找个角落就把大段文字安置了。

低版心率

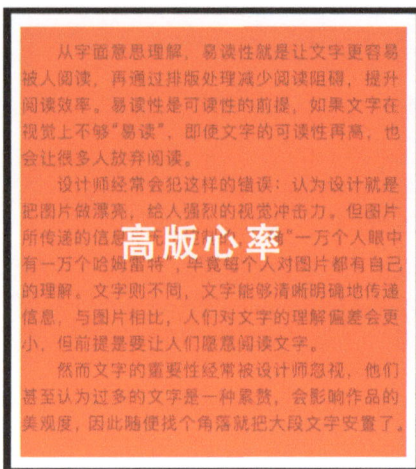

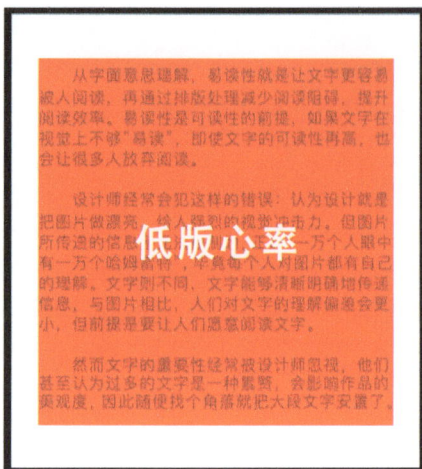

版心率的高低会影响页面呈现出来的风格。

2. 提高文字的对比度

提高标题和正文的文字对比度，画面中就会有重点，同时也能强化画面的节奏感。

如果标题和正文的文字对比度较低，就会让画面内容过于"平"，也就是主次不够分明，让人一看就失去了阅读的兴趣。

将标题或者重要信息的文字放大，就能够很好地突出商品的重点信息，让顾客在阅读的过程中毫不费力就能获取重要信息。提高对比度的方式除了调整字号，还可以使用颜色的对比和字体样式的对比，但目的都是让不同层级的信息在视觉上有明显的差异，让内容结构更加清晰明了。

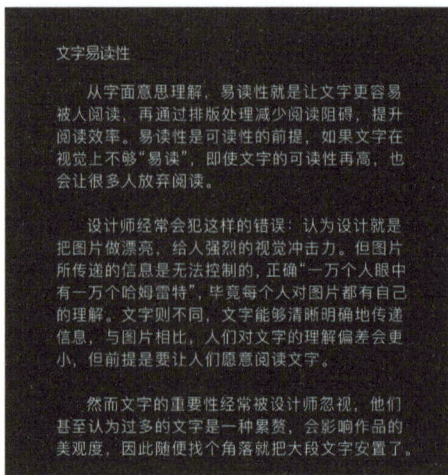

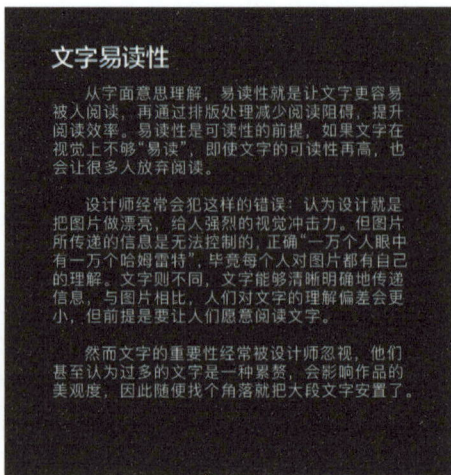

提高标题与正文的文字对比度，可让信息的主次关系更清晰。

3. 多用小标题

大卫·奥格威（David Ogiloy）在《一个广告人的自白》中明确指出："读标题的人数是读正文的人数的 3 倍。"对此笔者认为相较于十几年前这本书刚出版时的环境，在如今信息量剧增的情况下，读标题的人数至少是读正文的人数的 10 倍，甚至更多。

因此，在设计中要多使用标题，因为读标题的人远比读正文的人多。例如，将正文分为多个段落，再在每个段落前加上明确的小标题，让文字更容易阅读，以减少顾客阅读理解的成本，从而使其快速了解内容。

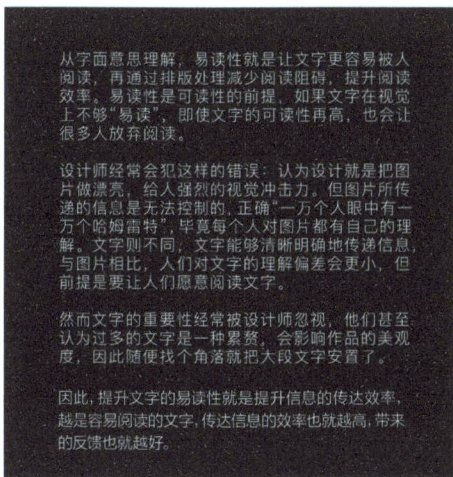

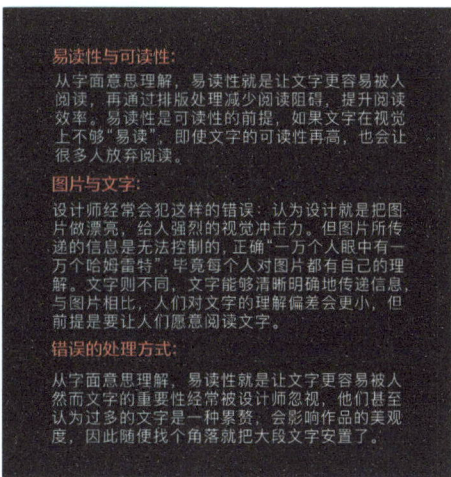

多用小标题能让顾客快速了解内容。

4. 选择更适合阅读的字体

标题应尽量选择比较粗的字体，这样不仅能够强调标题的重要性，而且可以使标题与正文在视觉上形成对比，让视线轻易捕捉到标题。而正文要选择适合阅读的字体，比如宋体的笔画有粗细变化，并且字面大小适中，保证了文字间距不会过于拥挤，同时宋体也更加符合人们的阅读习惯。

正文一般不建议使用笔画比较粗的字体，如果字体的字面较大、笔画较粗，一眼看上去文字就成了黑乎乎的一片，这样会增加阅读的难度。另外，要避免使用花哨的字体，这比使用笔画较粗的字体还要糟糕，它会直接影响文字的易读性。

文字的易读性

从字面意思理解，易读性就是让文字更容易被人阅读，再通过排版处理减少阅读阻碍，提升阅读效率。易读性是可读性的前提，如果文字在视觉上不够"易读"，即使文字的可读性再高，也会让很多人放弃阅读。

设计师经常会犯这样的错误：认为设计就是把图片做漂亮，给人强烈的视觉冲击力。但图片所传递的信息是无法控制的，正确"一万个人眼中有一万个哈姆雷特"，毕竟每个人对图片都有自己的理解。文字则不同，文字能够清晰明确地传递信息，与图片相比，人们对文字的理解偏差会更小，但前提是要让人们愿意阅读文字。

然而文字的重要性经常被设计师忽视，他们甚至认为过多的文字是一种累赘，会影响作品的美观度，因此随便找个角落就把大段文字安置了。

标题与正文要形成明显对比，正文的字体要适合阅读。

5. 根据不同情况选择合适的字号

在印刷广告中，建议正文的字号不要小于 9pt（磅）；网页宽度在 1920px 的分辨率下，12pt 为最小字号，字号小于 12pt 时会让文字难以阅读。需要注意的是，手机端相对于计算机端来说，对字号的要求会更高，因此建议手机端的正文字号不要小于 20pt，标题字号不要小于 36pt。

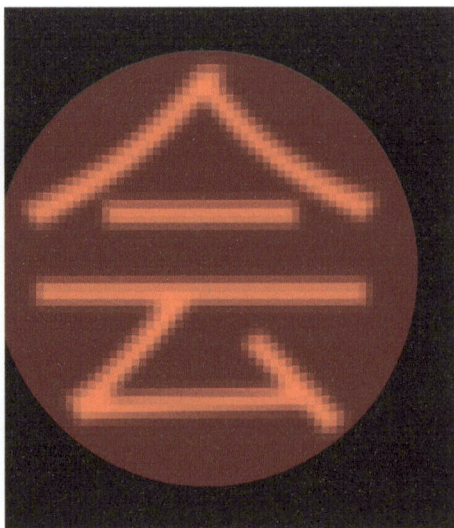

字号过小会让阅读变得困难。

6. 调整行间距与行长

行间距（行距）是影响正文易读性的一个重要因素。在很多图片中行间距和字间距差不多，顾客稍不留神就会读串行，这让顾客的阅读体验很不好。通常适用于正文的行间距是正文字号的1.5~2倍，这样顾客在阅读时换行就会比较轻松，视觉观感也更加清爽、舒适，不会太拥挤。

选择行长时要考虑页面带给顾客的感受。如果想让顾客在阅读时感到轻松，那么行长短一些较好，每一行为35~55毫米为宜。如果内容较严肃，想让顾客在阅读时更加专注，行长可以适当长一些，但是过长会适得其反，不但不能让顾客更加专注，反而容易让顾客觉得"看上去内容太多"而放弃阅读。由于手机端屏幕较窄，可以不考虑行长的问题。

各种间距之间的关系需要遵循栏间距 > 段间距 > 行间距 > 字间距的准则。

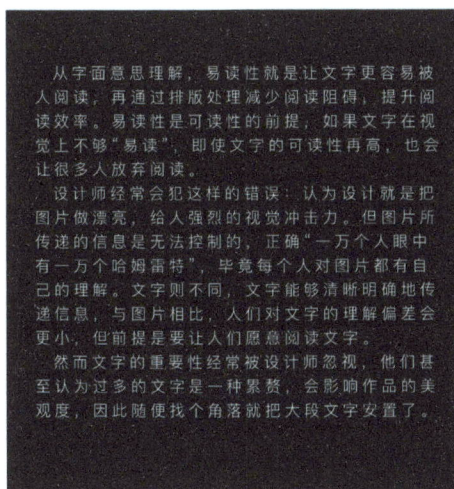

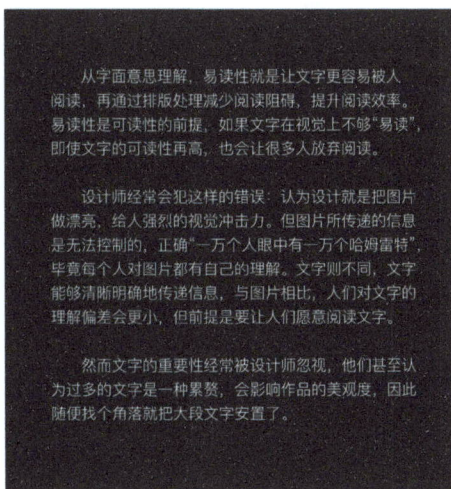

字间距过大而行间距过小，容易使顾客在阅读时串行。

7. 避免使用错误的对齐方式

关于对齐方式只需要记住两点：一是行数在3行以内的可以使用居中对齐或左对齐；二是超过3行的一律使用左对齐。

人们的阅读习惯一般都是从左往右阅读，无论是在纸上还是在手机屏幕上都是一样的。因此，正文文字较多的部分采用左对齐是比较符合人们的阅读习惯的。

我需要分清楚两个概念，即易读性与可读性。通常情况下，人们会把这两个概念混为一谈，认为易读性就是可读性，但是二者具体指的是什么就只能笼统地解释了。

可读指的是这段文字本身的意义，以及文字本身的趣味性、内容、写作方式等，用于衡量一段文字本身的内容是否能被大家认可和接受

我需要分清楚两个概念，即易读性与可读性。通常情况下，人们会把这两个概念混为一谈，认为易读性就是可读性，但是二者具体指的是什么就只能笼统地解释了。

可读指的是这段文字本身的意义，以及文字本身的趣味性、内容、写作方式等，用于衡量一段文字本身的内容是否能被大家认可和接受

我需要分清楚两个概念，即易读性与可读性。通常情况下，人们会把这两个概念混为一谈，认为易读性就是可读性，但是二者具体指的是什么就只能笼统地解释了。

可读指的是这段文字本身的意义，以及文字本身的趣味性、内容、写作方式等，用于衡量一段文字本身的内容是否能被大家认可和接受

左对齐比较符合人们的阅读习惯。

5.5.3 让内容更容易理解

容易理解的原则是用最少的文字或元素传递出正确的信息，也就是用最简单、最直观的方式让顾客在阅读时清楚要传达的内容。要想让内容更容易理解，可以使用以下 3 个实用小技巧。

1. 使用项目符号或编号

当重要的信息需要让人注意时，可以用项目符号来引起关注。例如，页面中的活动规则通常需要说明很多内容，这时可以用项目符号把难懂的规则标记出来，使其成为阅读重点。另外，数字总是有一种让人读下去的神奇力量，因此，除了项目符号，还可以用数字对内容进行编号。

编号可以将内容分成多个部分，让内容更容易理解。

2. 加入图标和插图

图标和插图是信息的高度浓缩物，能够快捷地传递信息，而且便于理解和记忆。在日常生活中，图片比文字要受欢迎得多，所以在文字表述中加入图标和插图能够让内容更加容易被顾客理解。

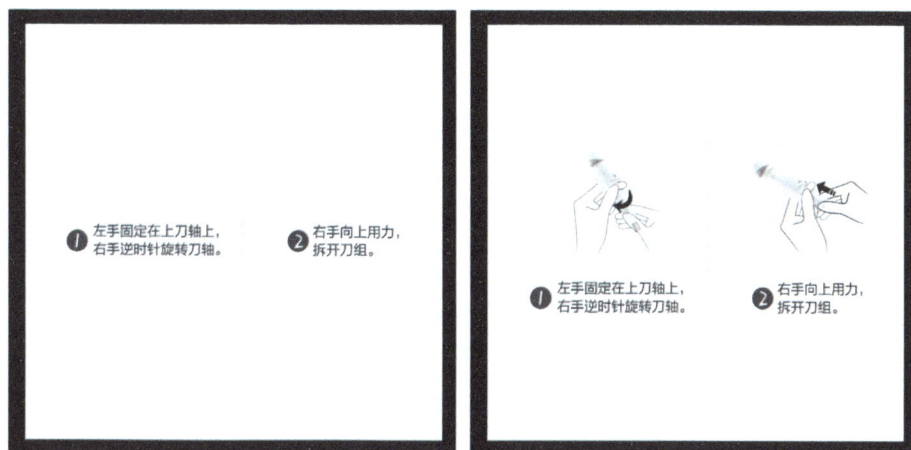

使用图标与插图会让内容更加直观。

3. 使用图表

图表比文字描述更加直观和形象，且信息的传达效率也更高。把地理位置、活动时间、价格变化等信息用图表表现出来，能够大幅度提高易读性。

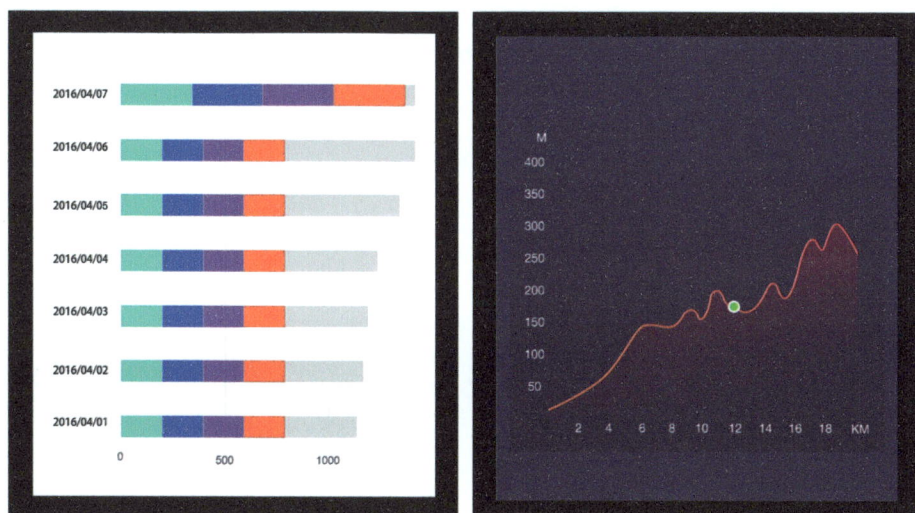

可视化的图表让内容更加形象。

5.6 神奇的数字"3"

5.6.1 "3"的神奇之处

无论是设计工作还是营销策划工作或者其他工作，应该会涉及关于"3"的各种法则。

例如，一身衣服尽量不要超过 3 种颜色，因为颜色过多会让搭配看起来很不协调，甚至有些花里胡哨；在建筑学和几何学中，三角形是最稳定的结构；故事大多也是三段式结构，比如白雪公主被毒害 3 次，卖火柴的小女孩擦亮火柴 3 次看到不同的景象、灰姑娘 3 次从舞会上逃走、三打白骨精、刘备三顾茅庐、诸葛亮三气周瑜等；另外还有各种各样的三部曲、三剑客等，好像"3"这个数字不管在哪个领域都是一个神奇的数字。

一身衣服尽量不要超过 3 种颜色，颜色过多会很难实现视觉上的和谐。

为什么都是"3"，"3"最容易被大家记住的原因可能是什么？美国心理学家米勒在有关人类短时记忆容量的研究中表明，人的短时记忆为 7±2 个项目。也就是说，人们在较短的时间内最多能记住的项目是 9 个，最少是 5 个。但是后来又有研究者认为米勒高估了人类短时记忆的容量，因为实验环境中存在干扰因素，所以真实的容量其实只有 5±2 个项目，也就是说，人们在短时间内，最容易记住的项目是 3 个。

还有一种解释，"3"符合人们身体的节奏性活动规律，比如一日三餐等。因此，"3"被认为是最符合人们大脑记忆规律的数字，人们最容易记住的项目是 3 个。

前文提到过，视觉上的重复可以让顾客找到规律，从而建立顾客在浏览时的节奏与韵律。由于单一元素的重复难免会让顾客觉得枯燥和乏味，因此 3 种不同元素的重复能给顾客带来浏览时的新鲜感，从而避免枯燥和乏味。

因此，在视觉设计中，3 种元素的重复和变化能够使顾客保持熟悉感和新鲜感。

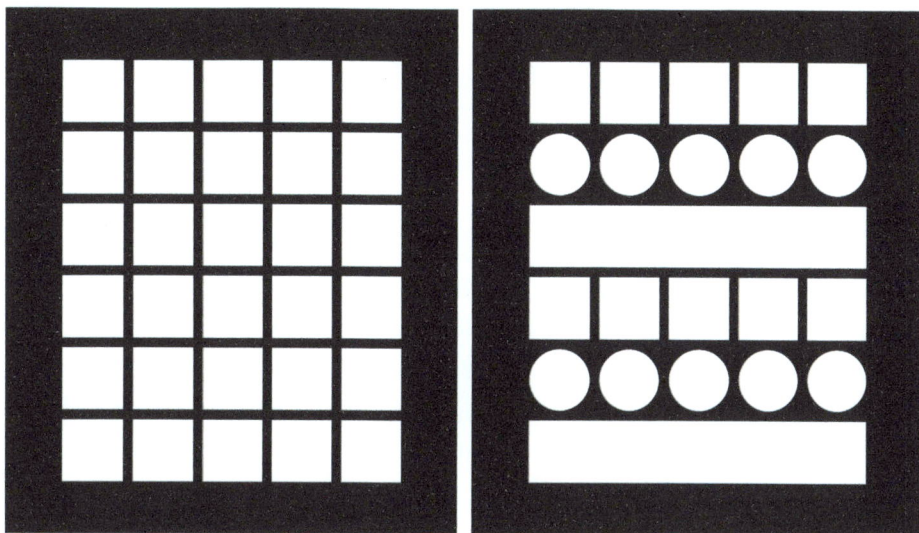

3 种元素的重复既有规律又能避免单一元素重复的枯燥。

5.6.2 设计中的"不超过 3 种"

在视觉设计中，颜色、字体、视觉重点信息层级也建议保持在 3 种以内。元素过多会提高设计的复杂程度。元素之间的关系若处理不好就会使画面变得杂乱无章，还会增加顾客的视觉负担。过多的元素也会占用顾客太多的记忆资源和注意力资源，导致核心信息在传达过程中受到干扰。

1. 颜色不超过 3 种

在同一画面中，主要颜色要控制在 3 种以内，在色彩搭配中这也是一个基本原则，这样做的原因并不是颜色过多就一定会让画面变得杂乱，而是过多的颜色对设计师的色彩处理能力要求更高，设计师稍不留神就可能会处理不好。因此，将颜色控制在 3 种以内是一种能够兼顾画面效果与处理难度的可能方案。

颜色过多会让人感觉画面杂乱。

2. 字体不要超过 3 种

　　不同的字体会带给人完全不同的感受，或古朴或前卫，或柔美或刚硬。在选择字体时，要选择同一种风格的字体，这样画面给顾客的感觉会更加一协调。例如，标题可以选择具有明确风格的字体，正文则可以用比较百搭的黑体或宋体。如果同时选择多种风格迥异的字体，画面最终的视觉效果会非常不统一，从而让顾客失去阅读的兴趣。因此不建议字体超过 3 种，即使是同一种风格的字体，也尽量不要同时选用过多。

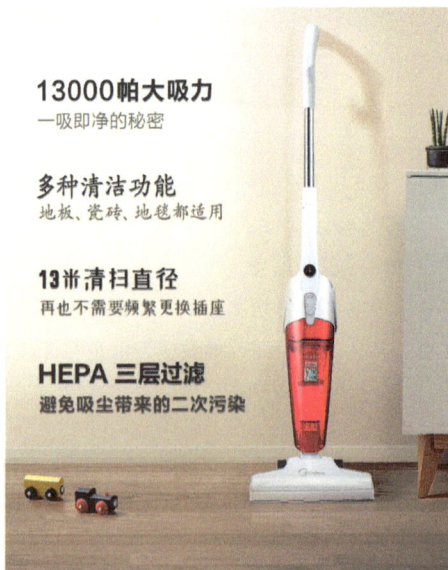

使用相同风格的字体能够让画面的视觉效果更加和谐。

3. 视觉焦点不超过 3 个

视觉焦点能够吸引顾客的视线并延长视线停留的时间。

在平面构成中，这种现象可以用点的特性来解释。画面中出现一个点，会使顾客的视线集中；画面中出现两个点，会使画面达到一种平衡的效果；画面出现多个点，会让画面有动感但无法集中顾客的视线。

画面中通常只有一个焦点，也就是将图片和文字都放在最主要的区域，比如焦点在画面的中心会让画面稳定，让视线能够自然地落在这个焦点上，周围的元素则多用于点缀。两个焦点的构图也很常见，比如常用的左文右图形式就是对两个焦点的运用，图片和文字各为一个焦点，让视线在文字与图片之间移动，也能达到一种平衡效果；3 个焦点则会让画面有一些活泼的感觉。如果超过 3 个焦点，就会出现"视线不知道该落在哪里"的现象，要尽量避免这种情况发生。

焦点过多会让内容比较分散，从而使顾客不知道哪里是重点。

4. 信息层级不超过 3 级

信息层级与视觉焦点类似，是处理内容主次关系的一种方式。信息层级既不能过少，也不能过多。信息层级过少会让画面没有重点，而信息层级过多会让画面变得比较杂乱，会影响顾客对内容的理解。

信息层级过多会让信息的逻辑关系变得比较混乱。